- 村企融合　联合起来
- 整村运营　县域宅改
- 资源入市　融村行动
- 陪伴服务　文化强村
- 要素融通　平台赋能

乡村振兴大家谈

新型农村集体经济振兴之路

赵守飞　王龙泉　王先祥　著

江西教育出版社

·南昌·

图书在版编目（CIP）数据

新型农村集体经济振兴之路 / 赵守飞，王龙泉，王先祥著. --南昌：江西教育出版社，2023.1
ISBN 978-7-5705-3376-3

Ⅰ.①新… Ⅱ.①赵… ②王… ③王… Ⅲ.①农村经济－集体经济－研究－中国 Ⅳ.①F321.32

中国版本图书馆 CIP 数据核字(2022)第 198255 号

新型农村集体经济振兴之路
XINXING NONGCUN JITI JINGJI ZHENXING ZHI LU
赵守飞　王龙泉　王先祥　著

责任编辑：龚　琦
出　　版：江西教育出版社
地　　址：江西省南昌市红谷滩新区学府大道 299 号
邮　　编：330008
发　　行：各地新华书店经销
印　　刷：安徽联众印刷有限公司
版　　次：2023 年 1 月第 1 版
印　　次：2023 年 1 月第 1 次印刷
开　　本：710 毫米×1000 毫米　1/16
印　　张：18.5
字　　数：250 千字
书　　号：ISBN 978-7-5705-3376-3
定　　价：88.00 元

赣教版图书如有印装质量问题，请向我社调换　电话：0791-86710427
投稿邮箱：JXJYCBS@163.com　投稿电话：0791-86705643
网址：http://www.jxeph.com
赣版权登字 -02-2022-535
版权所有　侵权必究

编委会

主任

周庆林

副主任

洪金聪　蒋宜芝　鞠　利

执行主任

赵守飞　王龙泉　王先祥

编委

牛扎根	肖道全	高德敏	高淑贞	刘白云	周代年
范国辉	刘弄璋	郑晓东	杨贤亮	刘卫军	刘明海
陈民利	吴建明	孙　君	浮秀艳	赵强社	陶通艾
周芬芳	黄树田	高　昆	霍红梅	明经结	张宏永
陈　西	曾贤勇	王伟华	张文博	吴群学	张　钦
李维侠	王　勇	左　尚	刘　川	孟　聪	武　韬
吴婷婷	乔扎根	李佳琛	李永良	殷秩松	王　莹

| 编委会成员 |

周庆林　北京市农村发展中心书记

洪金聪　九七华夏文旅集团董事长

蒋宜芝　四川迈高旅游资源开发有限公司总经理

鞠　利　河南产业互联网研究院院长

赵守飞　安徽财经大学中国乡村振兴（小岗）研究院院长

王龙泉　乡村发展观察者与研究者

王先祥　绍兴文理学院非遗中心副主任

牛扎根　山西省长治市振兴村党总支书记

肖道全　四川省成都市白塔社区党委书记

高德敏　四川省成都市战旗村党委书记

高淑贞　山东省济南市三涧溪村党委书记

刘白云　北京市宋庄镇小堡村"两委"成员

周代年　湖北省枝江市向巷村党支部书记

范国辉　四川省成都市郫都区农科村"荣誉村长"

刘弄璋　湖北省赤壁市张司边村党支部书记

郑晓东　山东省烟台市蓬莱区三里沟村党支部书记

杨贤亮　河南省开封市龙亭区水稻乡党委书记

刘卫军　河南省开封市祥符区发投农业综合开发有限公司总经理

刘明海　江苏省南京市大桥社区党总支书记

陈民利　安徽省巢湖市半汤乡学院院长

吴建明　淮安乡村振兴研习社秘书长

孙　君　北京绿十字生态文化传播中心主任

浮秀艳　河南省新乡市获嘉县史庄镇镇长

赵强社　陕西咸阳市林业局局长、《中国乡村振兴》辑刊主编

陶通艾　贵州省遵义市湄潭县农村改革试验区办公室副主任

周芬芳	福建省宁德市屏南县政协原主席
黄树田	山东省临沂市蒙山彩蒙景区管委会党委书记
高　昆	宁夏回族自治区农业农村厅农村改革与经济指导处一级调研员
霍红梅	辽宁省委党校决策咨询部主任
明经结	江西省农业农村产业发展服务中心四级调研员
张宏永	河南省开封市委巡察办副主任
陈　西	人民动漫数字生态综合服务平台运营负责人、数字乡民 & 乡村元宇宙项目发起人
曾贤勇	四川愿乡三农科技服务有限公司董事长
王伟华	西厢房乡建联合机构创始人
张文博	浙江视联文化传播有限公司总经理
吴群学	安徽海轩文化教育集团董事长
张　钦	安徽华农振兴经营管理公司总经理
李维侠	安徽省蚌埠市乡村振兴局副局长
王　勇	乡创（安徽）农业科技有限公司总经理
左　尚	安徽乡振农业发展公司总经理
刘　川	河南广播电视台乡村频道运营总监
孟　聪	河南省扶贫搬迁投资有限公司常务副总
武　韬	36氪传媒（北京多氪信息技术有限公司）华中区负责人
吴婷婷	茅台学院旅游管理系副教授
乔扎根	中国古村落保护与发展专业委员会副秘书长
李佳琛	友成企业家乡村发展基金会副秘书长
李永良	乡村复兴论坛秘书长
殷秩松	清华校友总会文创专委会秘书长
王　莹	福鼎市农村资产资源管理有限公司总经理

序言一

壮大农村集体经济　实现乡村共同富裕

民族要复兴，乡村必振兴。在脱贫攻坚战取得全面胜利后，持续推进乡村振兴，是高质量发展乡村、带领农民走向共同富裕的必经之路。如果说农民丰衣足食、安居乐业、生活富裕是乡村振兴的根本，那么壮大农村集体经济就是实现乡村共同富裕的基础。从壮大农村集体经济的角度探索实现乡村共同富裕的方法和手段，则需要认识以下几个问题：

一是村庄个体之间贫富差距的再平衡问题。认识这个问题，首先要客观清楚地分析乡村的客观现象：少数农民已经富裕，多数农民还没有实现生活富裕。那么，如何解决多数农民的致富问题呢？是否可以通过农村集体经济组织的力量，通过壮大农村集体经济，从根本上实现农民个体之间贫富差距的再平衡？

二是村域两权主体实现共同富裕的治理机制再创新问题。拥有村域资源所有权和村域治权的全体村民应该与时俱进，构建一套新的治理体系，从而释放这两项权利背后的财富价值，并通过合理的分配和保障，实现共同富裕的发展目标。

三是村级组织创富的能力建设问题。经济能力较弱的村级组织，如何利用村域自身资源和服务，以农村集体经济组织的形式，与市场打交道呢？这就需要增强或弥补村集体经济组织的能力，避免因市场经验不足导致市场交易的不公平，以及村集体经济组织在市场交易中总是吃亏的现象。

四是村、乡（镇）、县三级如何实现有序的财富分配和协调的问题。村集体经济组织利用自身资源与服务，在获得集体收入的过程中，必须正确理解乡（镇）域政府、县（市、区）域政府为实现区域内的财富再分配和产业发展机会的均衡，所采取的相关统筹与协调举措。

解决以上的问题，重中之重在于村庄如何再次实现集体经济？再次集体经济的目的是什么？应该如何具体去实现？我们将围绕这些问题再次分析。

村内少数人的富，不是真正的富

能力不同，机遇不同，单个家庭获取财富的多少自然也不同。农民分田单干，等同于家庭自治。改革开放后的农村，突出的是个体创富能力，这也是农村集体经济组织市场能力被弱化的一个原因。经过40多年的发展，几乎每一个村集体经济组织成员的发展都已出现了严重的贫富不均的现象。

完全靠家庭个体的力量发展农村，村集体经济组织内部成员之间的贫富差距只会越来越明显。在保持个体创富基础和前提不变的情况下，如何强化与复生农村集体经济组织的力量，是破解农民如何实现共同富裕的关键。农村集体经济组织不复兴，能力不增强，仅依靠国家和市场等外部力量，是无法真正解决全体农民共同富裕这一问题的。

只有农村集体经济组织有钱，才能通过再分配补齐农民富裕程度不足的短板；只有提供更多的公共服务，才能增加农民在村庄或城镇的生存保障。那么，当前的农村集体经济组织需要做什么、怎么做，才能增加农村集体经济收入，提升村域的创富能力呢？

创富能力强的农民，大多对农村集体经济组织已不再依赖，甚至还是壮大农村集体经济的最大主力群体。创富能力一般的农民，大部分时间是通过外出务工获得收入，种地挣钱只是其获取收入的一个补充。也就是说在外务工已成为多数农民获取收入的主要来源。

村集体经济组织行，其他一切才能行

当前乡村振兴的最大难题，是农村集体经济组织如何壮大。如今，在一些资源较好的村域，出现了工商资本下乡跑马圈地、整个村庄无序开发、市场主体和村集体经济组织之间不和谐的现象。还有个别县域政府，通过统揽财政资金使用，过于形式化地创造乡村振兴示范典型的情况。

在乡村振兴战略实施的总要求下，如何让农村集体经济组织壮大起来，是破解市场力量无序介入、政府力量过度介入，并让乡村振兴重新回归到"以农民为主体"的关键。

在不干涉农民个体致富的前提下，如何以农民为主体，如何通过农村集体经济组织的力量，确保农民生活和生存质量不断提高？关于这个问题，书中白塔村、黄墩村、小堡村等案例都给出了答案。其中第一个案例——山西省长治市上党区振兴村，是笔者目前见到过的村集体带头人创富能力最强的一个案例。

村集体带头人行，是因为该村党委书记牛扎根正确处理了个人创富和带领全体村民共同致富之间的关系。他领导下的公司赚得的钱，有一半以上都用在了发展村集体经济组织福利、保障等公共服务和村域基础硬件公共配套上；个人赚得的钱，他也大都用在了提高全体村民的生活质量上。

作为村集体带头人，个人的创富能力非常重要。但是，很多村集体带头人不具备这种能力。然而，这又是乡村振兴发展和实现农民共同富裕所必不可少的。没有这样一个心里装着全体村民的村集体带头人，村集体经济组织便缺失了团结有为的核心动力。

创富能力强的村集体带头人是可遇不可求的。因此，想实现全体村民共同富裕，依靠村集体经济组织的力量就显得至关重要。要实现共同富裕的理想，只有村集体经济组织行，农民才能有指望，才能有盼头。如果村集体经济组织不行，那么个体村民就很难自觉做到"先富带动后富，最终大家共富"了。

强化村集体经济组织是实现乡村共同富裕的保障

如何实现全体村民共同富裕？想要解决这个问题，村集体经济组织是落地执行这件事的神经中枢。

在实现全体村民共同富裕这件事上，仅仅依靠已经富裕起来的村民，依赖个体自发与自觉的行为，显然是无法完成的。在村集体经济组织架构中，村集体带头人是乡村振兴的重心。新时代农村集体经济组织是乡村振兴背景下构建共富机制的兴村中心。带领全体村民共同致富，是村集体经济组织应该做的和必须做的事。

在村集体带头人的带领下，强化村集体经济组织是首要任务，也是振兴一个村所绕不开的必由之路。现在的村集体经济组织，正面临着各种不同程度的组织虚化和权力空置问题。如果只是围绕村集体经济组织振兴的表象——走形式、做样子，乃至为了这个"形式和样子"，过于倚重甚至依赖工商资本和地方政府的力量，那么乡村振兴的主体——村集体经济组织中的全体成员，又该如何实现共同富裕呢？

如何壮大新型农村集体经济

围绕壮大新型农村集体经济，有一条原则不能突破，即村集体经济组织不能妨碍和影响村民个体挣钱。也就是说，壮大新型农村集体经济，始终要在确保不影响村民原有收入的前提下，通过集体力量和集体收益分配的方式，增加农民收入，提高农民生活质量。

从这个角度来理解，新型农村集体经济其实并不是简单地把农民组织起来。要真正组织起来的，是村民闲置和低效使用的资源和资产。把全体村民手上的这部分资源和资产组织起来、整合起来，不仅是壮大新型农村集体经济的关键，也是最大难点。

村民愿不愿意和放不放心把自己手上的闲置资源和资产，以市场经营权委托的形式，交给村集体经济组织，这个要看双方的意愿。做这项工作，需要村民自愿，不能强迫。而村集体经济组织的公信力、能力、号召力和组织力的强弱，决定着能不能把这件事做成、做好。

这里面涉及一系列更为复杂和专业的事情，如清核资产、价格评估、折股量化、收益分配等。在这个摸清家底、资源和资产再次归于集体的过程中，是否科学、公平、合理，关系到事情的成败。围绕壮大新型农村集体经济，构建一套新的治理体系，是村上的一件大事，该改变的要改变、该巩固的要巩固、该完善的要完善。如改变旧的制度、破除发展瓶颈，巩固统分结合的双重经营制度，完善需要与时俱进的村民自治章程，等等。

直面市场，让村集体经济组织不吃亏

让生产资料归公，在乡村实行人民公社制度，是探索乡村共同富裕的第一阶段；通过"大包干"分田单干和家庭自治，让农民与市场打交道，是实现乡村共同富裕的第二阶段；在农民与市场打交道的基础上，再唤醒村集体经济组织的力量，让农村集体经济组织也同市场打交道，从而发展壮大新型农村集体经济，是实现乡村共同富裕的第三阶段。

村集体经济组织的功能已经被长期弱化，想要让其与市场打交道，并非易事。这是对当下村集体经济组织的最大考验。村集体经济组织靠什么和凭什么能够在确保资源和资产安全的情况下，增加村集体收入，这是所有村集体经济组织都会面临的共同问题。

村庄资源通过三权分置所建立起来的"防火墙"，本质就是要破解这一难题。运营的归运营、治理的归治理，双方可以协同，但各自的责任和账务必须要分清。这也是本书案例中愿乡团队在青杠树村实践整村运营过程中，所要构建的"保底＋溢价分成"合作机制的要义。

壮大新型农村集体经济，没有标准化蓝图

如何振兴一个村？这是大家谈论最多的话题。每个标杆村的"强美富"发展道路，都有其特殊的历史发展机遇的原因；每个正走在"强美富"探索道路上的典型案例村庄，都有其内在独有的因果关系。

笔者发现，即便是同一种类型的村庄，其发展路径也是大不相同各有特色。本书案例中，有以村集体经济组织及成员为主体振兴发展起来的村庄，例如山西省振兴村、北京市小堡村、四川省白塔村和安徽省黄

墩村；有以通过市场协同服务振兴发展的村庄，如四川省的青杠树村和秦家庙村；还有位于福建省厦门市的洪塘赤土村，其显然是因外力的介入才走上了新型农村集体经济的振兴发展之路；而位于江西省鹰潭市的余江区，是以县域宅改为抓手，以三级治理制度机制创新和体制改革为突破，做到了县域千余个自然村庄宅改全覆盖的一个典型案例。

河南省李渡口村，是一个资源禀赋很好的传统村落。该村在集体经济发展过程中，存在着村集体经济组织力量相对较弱和介入市场主体较多的发展局面。我们全方位模拟县、乡（镇）、村的要素融通，提供了一个资源变资产的参考案例。

四川省成都农村产权交易所德阳所是一个市级乡村资源活化和资产对价的市场化服务平台，其在赋能村域新型农村集体经济发展方面，围绕市场体系建设、资源品种分类、交易模型搭建、服务产品创新等方面，进行了一系列有效的系统性创新。

市级市场化平台赋能、县域全面统筹、多方介入的市场主体参与、市场服务主体的协同、村集体经济组织的自我主导……书中十个典型案例，每个案例似乎都有着一张属于自己的不是十分清晰的发展蓝图。横看成岭侧成峰，远近高低各不同。针对每一个想要发展新型农村集体经济的村庄，我们很难也不可能提供一张"放之四海而皆准"的标准化振兴蓝图。

每一个值得研究的典型案例，都潜藏着见仁见智的宝藏。而我们所要做和所能做的，就是尽最大可能地将每个案例，在其发展中的最客观和最真实的历程，与大家分享。

王龙泉

| 序言二 |

新型农村集体经济"实化"探索

农村集体经济是社会主义公有制经济的重要体现。加强农村集体经济发展、提升农村集体经济实力是推动中国乡村振兴和实现共同富裕的重要保障,是强化农村基层党组织的组织力、号召力,巩固党在农村执政基础和推动中国社会主义健康发展的关键基础。发展新型农村集体经济,需要我们加强村集体经济组织创新和制度创新,阻隔虚化村集体经济组织和农村集体经济的因素,探索新型农村集体经济发展的新路径。

当前,在发展新型农村集体经济过程中,主要面临以下五个难题:一是村集体经济组织人才支撑乏力,二是村集体经济组织资源禀赋不足,三是村集体经济组织发展滞后,四是农村集体经济市场化的制度体系建设滞后,五是村集体文化缺失。这些问题导致了大多数村庄的"集体虚化"。

"集体虚化"主要表现在村集体经济组织和农村集体经济虚空、虚弱和虚假三个方面。集体虚空是指村集体经济组织"空"。由于村集体经济组织缺乏主体性,缺乏对村庄资源市场化的自主发展权,因此村集体经济组织所拥有且可以为集体创造财富和带来收益的资源很少,甚至是空壳。集体虚弱是指村集体经济组织缺乏市场化的能力。大多数村集体带头人缺乏必要的领导力、组织力和创富能力，导致村集体经济组织缺少进入市场交易的产品和服务，可以自主支配的资源很少，拥有的公共财力也很少。集体虚假是指村集体缺乏公共性、公信力和公共保障能力，村集体经济组织如同招牌，名存实亡，可以给村民提供的公共产品和公共福利很少。在村民的眼里，村集体存在与否和村集体成员几乎没有实质性的利益关系，没有形成一荣俱荣、一损俱损的紧密利益共同体。

要破解农村集体经济发展的难题，就需要在全国各地开启一次农村系统性"集体实化"的伟大改革创新的实践，就需要围绕村集体组织目标、组织激励、责任机制、权力结构、组织文化等制定一套"集体实化"试点改革实施的方案。

本书精选了全国七个省市关于如何改革村集体经济组织和振兴农村集体经济的十个不同维度的实践案例。我们将这十个案例总结归纳为改革村集体经济组织和经济发展的十条不同振兴路径，以及农村集体经济七个"实化"探索。

选育出村集体带头人

新型农村集体经济组织发展的内在驱动力是"人"，是村集体带头人，尤其是那些具有企业家精神的村集体经济发展带头人。只有拥有企业家精神的村集体带头人，才能为全体村民"谋生存保障、谋幸福生活"，才能成为推动村庄发展的灵魂人物。

在本书所选择的案例中，山西省振兴村的牛扎根书记、北京市小堡村的崔大柏书记、安徽省黄墩村的张务清书记、四川省白塔村的肖道全书记，全都是这样的人。任何一个想要持续发展农村集体经济的村庄，能不能找到、能不能请回、能不能推选、能不能培育这样的一个人，是能否推动该村集体经济发展和实现全面振兴的重要前提。

壮大新型农村集体经济发展的市场服务主体

要想甄选出"一人兴村"式的杰出村集体带头人，并不是一件容易的事，可遇而不可求。即使有这样的村集体带头人，也需要专业组织和人才团队来协助。来自市场服务主体的村镇产业运营服务，可以弥补村集体经济市场化运营能力和创富能力不足的短板。基于此，从政府层面引导和促进培育一批能为强化集体赋能的村镇产业运营服务商和培养乡村振兴人才的专业组织，就显得非常必要。

本书案例中，四川愿乡三农科技服务有限公司（简称"愿乡公司"）、福建厦门的清华海峡研究院两岸文旅与乡村振兴中心等，都是相对有影响力和实力的组织。例如，愿乡公司在协同村集体经济发展方面，可以为村庄提供"发展村集体经济所需人才队伍的培育方式和方法，村集体经济组织建设与运行服务体系，村镇集体资源整合利用管理、服务的工具和手段，乡村治理与运营双协同机制的构建服务，围绕资源对价市场的产品和服务研发"等一整套成体系的服务方案。

培育市场化的新型农村集体经济组织

农村集体产权制度改革后，绝大多数村庄都成立了农村集体经济合作社或者农村集体股份经济合作社，却没有有效地推进市场化运作。在有效防控市场风险的基础上，培育具有市场化运作机制的农村集体经济组织，是推动农村集体经济发展的必要路径。该书案例中的山西省振兴村的振兴煤业公司、北京市小堡村的小堡驿站文化艺术有限公司、四川省青杠树村的香草湖运营平台公司、安徽省黄墩村的柳抱丝合作社等，都是市场化的新型农村集体经济组织。

构建新型农村集体"三再"体系

所谓农村集体"三再"体系，主要指村集体经济组织资源的"再集体经营、再市场合作和再集体分配"。村集体经济组织资源的"再集体经营"，是指把集体成员闲置和低效使用的资源、资产和资金，按照有偿自愿的原则，再委托给集体。村集体经济组织资源的"再市场合作"，是指村集体找到"对的市场服务主体"进行市场化合作，从而把集体的资源进行有效的市场对价。村集体经济组织资源市场经营和对价收益的"再集体分配"，是指农村集体通过建立一套公平合理的分配与保障机制，以确保让村集体经济组织成员成为最大受益的主体。

这个"三再"体系是一个环环相扣的有机整体。其中，"再集体经营"是村集体经济组织资源活化的前提，"再市场合作"是村集体经济组织资源市场对价和村集体经济组织运营提质的前提，"再集体分配"是凝聚民心的前提。例如，四川省白塔村就是通过"三再"体系的建立和运行，实现了农村集体经济的良好发展。另外，山西省振兴村、北京市小堡村、安徽省黄墩村也都遵循了"三再"体系中的一些实践路径。

"再集体分配"不是一分而光，而是既考虑集体成员的利益，也考虑村集体经济组织或合作社的利益；既要让集体成员增加收入和信心，在农村集体经济中有获得感，也要留存扩大村集体经济组织积累的资金，确保农村集体经济有发展壮大的雄厚基础。

制定新型农村集体经济的"大联合"制度

所谓大联合，一方面是指由村集体经济组织主导的村庄土地、劳动、资金和技术等生产要素在乡村产业方面的联合；另一方面是指包括在村集体经济组织生产要素联合的基础上，人心的联合。这种大联合的实践探索，是顺应国家推动乡村振兴和共同富裕的，是需要进一步完善和健全的现代农业经营制度体系。

安徽省黄墩村是一个普通农业型村庄，是实践"大联合"制度的典范。2017年年底，黄墩村村"两委"围绕发挥组织优势、盘活资源资产，将农民土地流转到村集体经济组织，成立了村集体控股和村民入股、村庄经济一体化运营的柳抱丝种养专业合作社。然后，黄墩村依托柳抱丝种养专业合作社平台，以入股的形式与龙潭湖水产公司、丰乐源油茶开发公司等8家新型农业经营主体建立股份合作关系，推动了村企共赢，构建了利益共享机制，形成了农户、集体、企业之间的大联合，推动了村集体、农民和企业大发展。

通过大联合，构建农村集体经济框架下的资源变资产、资产变资金、资金变股权、股权得收益、收益强集体、农户增收入的体制机制；通过强化农村集体经济的自生能力，巩固农户、集体和企业之间的大联合。

建立一种新型乡村治理机制

基于放权增能，构建一种"党建引领参与式"乡村治理体系，是实施农村集体经济发展的可行路径。这套乡村治理体系主要有三个方面的特征：一是乡镇党委、政府之间和村"两委"之间，进行合理分工与运作；二是让镇域治理主体，即乡镇党委、政府拥有合理自主权，在县域制定的政策方案的执行过程中，县级党委、政府给予乡镇党委、政府必要的自由裁量空间；三是让村域治理主体，即村级组织依法依规行使其村民自治权利。通过建立这套放权增能的"党建引领参与式"乡村治理体制，可以使村级组织依法拥有合理且必要的村民自治权，可以让村级组织拥有资源自主管理权，尤其是必要的资源市场对价和收益分配权利，让村集体有能、有为、有位、有威和有效。

完善一套市级产权交易架构

哪些村域资源可以变资产、如何变资产，资源标的物如何作价并入市交易，资源配置效率如何提高，资源的市场效益如何最大化？这一系列问题都是推动农村集体经济发展的难点、痛点和堵点，同时也是改革突破点。

四川省成都农村产权交易所德阳所（简称"德阳所"）是构建实施系统化的农村产权交易平台和交易制度体系的典范。作为一家市级和企业法人制的交易平台，德阳所在成立的五年时间里，所做的事和所进行的探索，已将农村产权流转交易在农村集体经济发展中的作用推向了一个新的发展高度。

通过对以上发展新型农村集体经济七个改革要点的阐述，我们可以大致做一个总结：想要推动新型农村集体经济发展，需要紧紧围绕人、组织、制度、文化四大要素进行深度的互联与互动。而在这四大要素中，最关键与最核心的是制度要素。制度若行，生发出来的其他要素自然也会行。制度不行，人的要素就很难行，即便行，也只能是凤毛麟角的小概率事件。

为了能够有效推动基于市场化的农村集体经济发展，我们感到有责任阐明我们撰写此书的三个基本信念：一是我们对农村集体经济能够发展壮大充满信心；二是实施乡村振兴和实现共同富裕，需要大力推进村集体的组织和制度改革，需要让村集体具有主体性，让村集体能够有能、有为、有位、有威和有效；三是构建新型农村集体经济的问题不在于集体中的工作人员，而在于束缚村民自治的制度体系，这是改革农村集体经济过程中需要突破的关键点。

基于上述三个信念，我们认为：无论是传统的农村集体经济，还是盛行的新自由主义市场经济，都不是解决当今我们新型农村集体经济发展所面临问题的有效之道。我们对社会的公平正义和迈向共同富裕的目标抱有坚定信念，而所有已经参与到和准备参与到乡村振兴的各种社会力量，都需要通过支持新型农村集体经济的发展，来承担与获得属于自己的乡村振兴发展的责任与机会。

新型农村集体经济是中国式现代化建设的优势所在。推动新型农村集体经济发展，需要党的领导和政府的服务，需要发挥市场配置资源的决定性作用，更加需要充分发挥村级组织的作用。深入贯彻习近平新时代中国特色社会主义思想，推动乡村振兴、实现共同富裕，推动新型农村集体经济发展路径探索，就一定要加强"实化集体"，并把党、国家、社会、村集体、市场和村民等力量联合起来，实践新时代的乡村发展大联合，走出一条新时代的大联合之路。

赵守飞

| 序言三 |

新型农村集体经济是艺术乡建的加油站

我是从事艺术乡建和新乡土人居环境优化探索与实践工作的。这是我的研究方向，也是平时工作的核心关注点。为了给服务的乡村提供更能落地的艺术化服务方案，就必须先对所服务的村庄的物质和精神、文化和资源、产业和政策等相关内容进行调研和梳理。虽然艺术乡建在视觉上更有冲击力，更容易被市场接受，但是从乡村发展的内在张力和发展后劲这两个方面来看，以艺术乡建为切入点、为抓手的乡建项目，却又存在诸多遗憾。

一些乡建问题困惑了我很久，且一直没有找到解决的办法。通过参与这本书的编写，不经意间似乎就有了答案。当一个又一个案例打通了我思想认识上的诸多障碍后，关于艺术乡建，我有了一个新的判断，唯有壮大农村集体经济，才是做好艺术乡建和优化新乡土人居环境的内在的支撑力量；而新型农村集体经济的发展，也是做好艺术乡建的加油站。

正是基于这些认识，才促使我对以下问题有了更深一层的思考：一是艺术和乡建到底是一种什么关系？二是新型农村集体经济组织和乡村振兴是什么关系？

艺术和乡建的关系

艺术对于乡村建设，不是由外向内的强力嵌入，那样的艺术乡建，美起来的只是乡村的外表，是肤浅的。艺术在乡村的生命力之源，应该是由内生发出来的一种自然而然的状态。谁是乡村的主人，谁生活在那里，谁将决定那里呈现出什么样的艺术乡建形态。

人是艺术乡建的核心。艺术乡建不应该成为一种情怀经济，而任由外人按照他们的意志，为其外在装扮与涂脂抹粉。艺术乡建要在基于乡村社会的客观实际基础上，通过艺术营造、诠释一种乡土活法，留住离开那里的人的某种乡愁，点亮其未来发展的诸多可能性。

我是绍兴文理学院艺术学院的一名老师，获得了韩国祥明大学艺术学博士学位。在韩国就读期间，我曾重点研究了中韩乡村建设，深入考察了韩国外岩村、河回村、甘山文化村等村庄的新农村建设成果。在参与《新型农村集体经济振兴之路》的研究与写作过程中，若用一句话来概括我对"艺术与乡村"最直接的感受，那就是——壮大的农村集体经济才是艺术乡建的加油站。

一个村庄的艺术乡建发展之路，若没有农村集体经济的发展和壮大作为前提和支撑，若是村集体经济组织既没钱办事也没钱分红，艺术乡建就会像花儿一样，即使一时光彩照人，也迟早是要凋谢的。更直白地说，那些完全靠政府投入和市场主体主导的艺术乡建，大多是缺乏发展后劲的。政府主体和市场主体在乡村的艺术化落地实施过程中，只能成为助力，而不能喧宾夺主，成为主力。艺术乡建的主力应是新型农村集体经济组织。某种意义上说，新型农村集体经济组织本身就是艺术乡建理念的落地实践者。

新型农村集体经济组织和乡村振兴的关系

在回答这个问题前,我们要先搞清楚国家实施乡村振兴战略的目的和希望实现的乡村振兴是什么样子。因为只有深度理解这些战略部署,我们才会明白为什么国家反复强调,要在乡村振兴实施过程中,确保村级组织的主体作用和村民的主体性。

2018年中央一号文件和其他相关文件中,将乡村振兴归纳为七条道路:重塑城乡关系,走城乡融合发展之路;巩固和完善农村基本经营制度,走共同富裕之路;深化农业供给侧结构性改革,走质量兴农之路;坚持人与自然和谐共生,走乡村绿色发展之路;传承发展提升农耕文明,走乡村文化兴盛之路;创新乡村治理体系,走乡村善治之路;打造精准脱贫攻坚,走中国特色减贫之路。关于这七条乡村振兴发展道路,文件中在每一条道路前都加了"必须"两个字,以强调乡村振兴的方向性和原则性。

二十字总方针和七条必须坚持的道路,是乡村综合性深化改革和发展的宏观指导性要求,具体到每一个村庄而言,就要因地因村施策了。也就是说,按照这个原则和要求,大部分村庄是很难一次性、高质量地完成和实现的,甚至一些村庄基于各种现实原因,只能实现其中的一部分。对于大部分村庄来说,这是一个要根据自己所在区域和乡镇(街道)村庄的客观实际,分步骤、分主次、分阶段,逐步有序有效实施和实现的过程。

若以此为切入点,再用艺术乡建和新乡土人居优化的视角思考书中的案例,我们会发现:山西省振兴村的案例完全是以村集体经济组织的价值观和审美观为基础,按照自己的意志和想法所营造出的整个村域生态、风貌和内部机理;而安徽省黄墩村的艺术乡建之路仍处在人心、组织、架构、产业等方面的前期阶段；四川省青杠树村所形成的艺术乡建风貌是在政府、村级组织主体、市场服务主体的共同作用下，以"小组微生"和"治理运营双协同"的形式呈现；四川省白塔村是在土地综合整治和腾退安置建新居的营造理念指导下，所呈现出来的艺术乡建效果；北京市小堡村作为世界知名的画家村，所呈现出来的村庄艺术乡建面貌，内涵则显得更加多元。

需要强调的是，尽管这几个村庄的乡村振兴发展之路各有特点，质量高低各有不同，但其所呈现出来的生态、风貌、商业、产业，无疑都抓住了壮大新型农村集体经济这个核心，都充分体现了村集体经济组织和村民在乡村振兴中的主体性作用。我认为，只有在这样的基础上，我们才能更好地理解乡村振兴和共同富裕之间到底是一种怎样的内在关系。以乡村振兴的二十字总方针和七条道路为指引，所实现的高质量乡村振兴就是通向乡村共同富裕之路。

我们从十个不同角度反复深挖、梳理、呈现这些案例，是期望以此为出发，思考全国的新型农村集体经济发展之路，更加深刻理解发展新型农村集体经济的价值和意义，明白以村级组织和农民为主体振兴乡村的初心。突出产业造富、助力村集体经济组织强村富民，是壮大农村集体经济的保障，也是实现城乡融合过程中确保融合双方价值对等的前提和基础，更是乡村振兴向共同富裕跃升并充分体现社会主义现代化特色的有效路径。

王先祥

目 录
CONTENTS

一 村企融合
山西省长治市上党区振兴村

（一）村里有个好村书记   002
    1. 先赢得民心，再做大企业   003
    2. 重建新居，让村民住上新房   004
    3. 三村合并，共谋振兴   005

（二）始终不忘共富初心   006
    1. 处理好企业、集体和村民之间的关系   006
    2. 建新居与搬迁的难题   007
    3. 土地集约出来，再合理使用   009
    4. 吸引新村民，做强振兴村   011
    5. 健全村民保障，改善村内民风   012
    6. 振兴村的治理和运营   014

（三）争创新时代的共同富裕示范村   015
    1. 村里要有一个核心带头人   016
    2. 村庄带头人有能力为村集体创收   017
    3. 科学、合理地分配村集体资金   018
    4. 制定长远目标   019

三 联合起来
安徽省六安市金安区黄墩村

（一）资源联合，始于人心凝聚   **023**
 1. 凝聚思想，达成共识   024
 2. 他山之石，可以攻玉   026
 3. 盘活村域资源的三次试验   027
 4. 走上"大联合"发展之路   028

（二）联合起来，做大做强   **030**
 1. 为什么选择"大联合"   030
 2. 直面困难，摸索着向前闯   033
 3. 你行，村民才会跟着干   037
 4. 形势严峻，倒逼改革   038
 5. 集体化属性，市场化发展   040
 6. 初级"大联合"带来的改变   042

（三）大联合——从初级到高级   **044**
 1. 联合是手段，发展是目的   045
 2. "大联合"是一套新体系   046
 3. "大联合"初步机制的搭建   047
 4. "大联合"的力量与能量   049
 5. 高质量"大联合"的发展要求   050

三 整村运营
四川省成都市郫都区青杠树村

（一）从建设到运营的三级跳   **053**
    1. 从建新居到发展乡村旅游   054
    2. 引入市场主体，成立运营平台   055

（二）协同合作，利益共享   **056**
    1. 钱从哪里来，新居怎么建？   057
    2. 经营好一个村，统一管理是关键   060
    3. 村内的四级利益分配机制   062
    4. 乡村治理体系再升级   064
    5. 治理与运营的协同关系   066

（三）寻找时机再突破   **067**
    1. 先要解决好钱从哪里来   068
    2. 做好资源产品分类工作   070
    3. 村域资源的资产性收益是重点   071
    4. 运营乡村需要长效机制   072
    5. 从整村运营延伸出的单品   073

四　县域宅改
江西省鹰潭市余江区宅改

（一）宅改零距离　　　　　　　　　　　　　　**078**
　　1. 全县域覆盖，有序铺开　　　　　　　　080
　　2. 迈向城乡融合新高地　　　　　　　　　082

（二）直击难点，成为焦点　　　　　　　　　**085**
　　1. 余江宅改办的成绩单　　　　　　　　　085
　　2. 顶住压力，拉开宅改帷幕　　　　　　　087
　　3. 制定宅改方案的办法　　　　　　　　　089
　　4. 村干部带头宣传助力　　　　　　　　　092
　　5. 争取大多数村民的支持　　　　　　　　095
　　6. 健全机制，完善制度　　　　　　　　　097
　　7. 宅改中感人故事　　　　　　　　　　　099

（三）强化内力，引入外力　　　　　　　　　**102**
　　1. 解决好钱从哪儿来　　　　　　　　　　103
　　2. 建立县域产权交易平台　　　　　　　　104
　　3. 建立健全村集体经济组织　　　　　　　105
　　4. 加大市场和社会参与力量　　　　　　　106
　　5. 经验产品化，培训产业化　　　　　　　107

五 资源入市
四川省成都市双流区白塔村

（一）联合起来有多难   112
    1. 机会要靠自己去争取   113
    2. 最难的工作，最简单的方法   114

（二）凝心聚力，整合资源   115
    1. 土地腾退的顾虑和约定   115
    2. 第一宗地的入市准备   118
    3. 能力决定行动力   120
    4. 激活村庄洼地，增加村集体经济收入   122
    5. 党建引领，不断完善乡村治理   125

（三）入市是起步，再集体是征途   126
    1. 再集体是资源活化的前提   127
    2. 再分配是凝聚民心的前提   128
    3. 再合作是运营提质的前提   129
    4. 再市场是资源对价的前提   130
    5. 再保障是留下"民心"的前提   131

六　融村行动
四川省成都市郫都区秦家庙村

（一）探索一条发展新路径　　　　　**135**
    1. 搭建新村民融村平台　　　　　136
    2. 融村方案的编制　　　　　　　137

（二）新老村民，有序流动　　　　　**138**
    1. 新村民融入，老村民退出　　　138
    2. 融村流程和融入类型　　　　　141
    3. 老村民退出的保障机制　　　　143
    4. 新村民的另类探索　　　　　　145
    5. 融村是乡村治理的抓手　　　　146

（三）行动前，一定要吃透四个词　　**148**
    1. 建立利益联结　　　　　　　　148
    2. 做事不能踩红线　　　　　　　149
    3. 伦理是最高要求　　　　　　　150
    4. 重视村级组织　　　　　　　　151
    5. 构建新村民融入治理新体系　　152

七 陪伴服务
福建省厦门市海沧区洪塘赤土村

（一）陪伴从"心"开始	**158**
1. 用行动赢得民心	159
2. 用专业服务推动乡村发展	161
（二）扎根乡村，服务600天	**162**
1. 如履薄冰，全力做事	163
2. 陪伴式人居环境优化	164
3. 为村上问题把脉	166
4. 提升服务，提升能力	169
5. 界定陪伴服务的原则和底线	170
（三）构建县域乡村服务体系	**172**
1. 持续做好陪伴服务	173
2. 加强服务系统化能力建设	174
3. 陪伴服务的横向延伸和纵向深入	175
4. 做好县域服务的把脉诊断	177
5. 县域解决方案的四条建议	177

八 文化强村
北京市通州区宋庄镇小堡村

（一）产业兴旺促发展   **181**
  1. 小堡村的工业强村梦   182
  2. 聚焦文化强村   183

（二）艺术名流促振兴   **184**
  1. 村内房和地的发展创新   184
  2. 新村民融村建章立制   190
  3. 发展村商业，兴旺村产业   193

（三）软治理和再创新   **195**
  1. 资源整合起来的重要性   196
  2. 村镇捆绑，重塑价值   198
  3. 厘清村庄发展的各方关系   199
  4. 村产业园区运营思考   200
  5. 村庄宅基地再合作利用   201

九　要素融通
河南省平顶山市郏县冢头镇李渡口村

（一）集体资源再活化　　　　　　　　　　**205**
　　1. 整合资源是融通基础　　　　　　　　　207
　　2. 一个定位，两个侧重　　　　　　　　　208
　　3. 要素融通，乡镇怎么做？县域做什么？　209

（二）准点突破，全面升级　　　　　　　　**210**
　　1. 自我提升的五个阶段　　　　　　　　　210
　　2. 打通金融，让村集体增收　　　　　　　214
　　3. 一司一社一平台　　　　　　　　　　　219
　　4. 自我为主，运营要点　　　　　　　　　222
　　5. 村域系统运营的思路　　　　　　　　　223

（三）守好底线，有序有效　　　　　　　　**225**
　　1. 梦想是行动的最大动力　　　　　　　　226
　　2. 守护村民利益底线　　　　　　　　　　227
　　3. 要素融通，须有效有序　　　　　　　　228

十 平台赋能
四川省成都农村产权交易所德阳所

（一）德阳模式	**232**
1. 两个突破与四种创新	232
2. 服务模式的跨省输出	233
（二）实现对价，引资近 300 亿元	**234**
1. 顺势而为，探索突破	235
2. 创新交易品类及服务	237
3. 三书模式的交易创新	239
4. 赋能集体，服务输出	241
（三）让平台更好赋能村集体	**243**
1. 德阳模式的成绩单	244
2. 平台赋能的上延和下探	245
3. 深入基层，补齐短板	246
4. 联合赋能，聚集运营	247
5. 巩固成果，探寻新航道	249
后记　振兴一个村，你会怎么做？	250

一 村企融合

山西省长治市上党区振兴村

对话·牛扎根

牛扎根,山西省长治市振兴乡村生态文化旅游区党委书记、振兴村党总支书记、山西振兴集团董事长。他21岁走上农村基层领导干部岗位,在振兴村工作了近40年。他领导下的振兴集团,先后解决辖区内及周边村剩余劳动力3000余人。2007年,村民人均年收入6500元,到2021年,村民人均年收入翻了近六倍。在他的带领下,辖区内的三个村庄实现连片共建,家家户户住上了新居,村里建立了就业、医疗、教育、养老等社会保障机制。村域内百姓实现了"就地入学、就地就医、就地就业、就地养老"的现代化农村生活。

20世纪90年代初的振兴村,村内企业和村集体经济组织之间一直处在一种"以私补公"的关系,即村集体经济组织以企业的钱、个人的钱办村集体的事。因此,那时的振兴村就已实现了村民电费、学费全部报销,村民大病补助、药费报销,村集体经济组织给村民免费发放大米、化肥、农药。2004年之后,振兴村经过两次企业改制,已经形成了村企融合的雏形。经过十余年的发展,如今的振兴村更是在村域内建立健全了五大社会保障机制。

其五大社会保障机制分别是:就业均等机制、医疗保障机制、教育免费机制、养老保障机制、村民福利机制。五大社会保障,具体体现在:村卫生院药品零利润销售,千元以下药费全免,大病医疗补助(国家报销不了的,农村集体经济组织兜底);孩子上学的校服、住宿、伙食费全免,凭大学录取通知书可到村集体报销上大学的学费;村里60岁以上老人每人每年发放养老金1200元,免费体检两次;水电暖气补助标准为每人每年1500元;乘坐城际公交车免费。

从2018年上半年开始,为响应党和国家"壮大农村集体经济"号召,振兴集团经过近三年的摸索,经董事会研究和村"两委"、群众代表同意,于2021年转为村集体企业。现在的振兴集团是一家集体企业,全体村民持股。公司在占年收益60%的分配结构中,其中40%的归村集体所有,20%为村民股份。近年来,振兴村的农村集体经济年均收入为6900万元,村民年人均收入3万元以上。

（一）村里有个好村书记

振兴村（从 2009 年开始，由关家村、郜则掌村、向阳村三个村合并而成）位于长治市上党区。高空俯瞰，位置确实很不错，其南边就是河南的云台山。那一带，还有红旗渠、皇城相府，同时距离乔家大院、平遥古城、王家大院也不算太远。但我们把时间的指针拨到 20 世纪六七十年代，那时的人们吃水难、行路难和上学难，却是当地百姓每天必须要面对的生活。

村里没井，村民要吃水只能到一公里外的山沟里去挑水；村里的路很难走，坑坑洼洼的河沙路让村民举步维艰；还好村上有座小学校，破旧不堪的关帝庙就是孩子们读书的地方。这是那个年代大多贫困地区的生存常态，而想要改变这种落后的面貌，每一个村庄发展所能依靠的，更多只能是村庄自己。

牛扎根书记就出生在关家村。1973 年，17 岁时他成了村大队会计兼出纳。从村会计到生产队长，他奋斗了十年时间。从 1984 年担任关家村村主任到现在的振兴村党委书记，又是三十八年。岁月如梭，从一个青春少年到如今的老骥伏枥，他扎根自己的家乡服务村庄发展，掐指算来已有近 50 年时间。

改变家乡，带领家乡人民实现共同富裕，是牛扎根少年时的理想，也是他一辈子都在为之而奋斗的人生目标。成为村主任后，他做的第一件事就是解决"老三难"的问题。他先是带领村民凿山、填沟、铺路，再和村民一起打下了村里第一口水井，同时还建了村里第一所像样的学校。

为了发展村庄，需要解决钱从哪儿来的问题。于是，他带领村民发展乡村手工业，开砖厂、挖煤矿，办集体企业。由于工作干得出色，后来他被调到了镇上，做土地管理工作。舍不下他的村民为此还"围堵"镇政府。在群众的强烈要求下，在镇党委的重托下，他又重新兼任了该村党支部书记。

从1989—1996年，他三走又三回，最终还是因舍不下村民，而放下了个人向上发展的机会，将更多精力放在带领村民发展村庄的事业中。

1. 先赢得民心，再做大企业

作为一名基层党员、村干部，对家乡怀有深厚感情的他，一直在用自己的行动践行着自己的人生理想。

在他的领导和带领下，村内企业蓬勃发展。20世纪90年代初的振兴村靠着村上小煤厂的收入实现了村民电费、学费全部报销，村民大病的医药费由村集体报销的政策，家家户户还装上了闭路电视。这些不仅改善了村民基本的生活保障，也为日后过上像城里人一样的生活打下了基础。

然而，煤矿企业发展并不顺利，2001年政府实施了煤矿改革。当时的竞争非常激烈，在牛扎根的动员下，村里八个有条件的村民，以个人名义将煤矿买了下来。在这个过程中，为了拿到煤矿的开采和经营权，村里69户村民还凑了516万元，在全体村民的共同努力下，振兴村终于得偿所愿。

2004年，振兴集团（原振兴煤业）将从村民那里借来的钱以原先的3倍返还给了村民。同一年，当地的煤矿企业又进行了第二次改制。

为了守护好全村争取到的煤矿经营权，在他的带领下，全村每家每户和矿上员工都拿出股金，整个村的凝聚力空前高涨。振兴煤业的年产量也从最初接手的5万吨一路攀升至15万吨，再到2019年实现产销90万吨，可谓芝麻开花节节高。经过20余年的摸爬滚打，如今的振兴煤业已成立振兴集团，集原煤、洗煤、建材、运输、商贸、农业、教育、旅游于一体，年总产值达十数亿元的一家多元化企业。

振兴村的集体经济收入，之前一直来源于村办企业。其收入也主要用于村庄基础建设和村民福利。为保障村集体利益，振兴公司以占地费、装煤费和运输费的形式分给了村集体，在扣除了三五百万元的流动资金需求外，剩余的收入都用在了村庄的发展建设上。

2. 重建新居，让村民住上新房

现在的振兴村，新建别墅式住宅和单元楼共569套，新修4条街9条路，总里程共35.53公里。

2007年，在进行第一个村庄（关家村）新建、复垦和整体搬迁过程中，振兴村挖山填沟156万立方米，迁坟397座。而建新村所采用的是一套"集体企业占地，出资的钱群众统一分，盖房占的地村民统一摊，旧村复垦的土地村民统一分"的营建方案。2006年提出的这套方案，经多次与村民沟通，最后得到了超90%的村民认可。

2007年3月，关家村举行了新村建设奠基仪式。在新居建设过程中，村民搬迁的费用，村民自己出一部分，振兴集团股东出一部分，剩余的资金全部由振兴集团支付。关家村的乔迁新居工程共投资了2.2亿元，兴建别墅136套，标准化村民新居95套。

在建新村的过程中，遭遇的最大阻力就是迁坟迁庙。为了腾出耕地，增加建设用地，村里决定集中迁坟369座，费用由村集体支付，并另外给了每户3000元的补偿金。而对于散落在村内的各种神庙，则集中搬迁到了新建的槐荫寺内。

建了新村，村上的教育配套设施也要跟上。幼儿园、小学、中学，以及学校1000多名师生的校服、吃饭、住宿全部免费。除其中10多名教师是领取国家工资外，其他 80 多名教师在学习和生活中，除国家给予的补贴外，剩余缺口资金全部由振兴集团补齐。

3. 三村合并，共谋振兴

2009 年长治县（今上党区）将原关家村、郜则掌村、向阳村三个村党支部从西火镇党委中剥离出来。2010 年 7 月，长治县正式成立了"城乡统筹振兴试验区"，尝试探索经济上"以企带村、以工带农"、行政上由振兴新区管委会领导的乡村社会经济发展新道路。

党的十八大后提出了"生态文明、美丽乡村"建设，振兴村实施了三大绿化工程，即山坡披绿、庭院植绿、身边增绿。目前全村绿化率已达 72%，人均绿化面积 35 平方米，总投入达 6500 万元。同时，为最大程度集约土地，振兴村将办公、商业、居住、文娱、游憩等公共服务设施进行了统一合并，还进行了土地与户籍管理制度改革。

在党委书记牛扎根的带领下，振兴试验区党委、管委会始终把民生工作放在首位，不断完善社会保障体系，先后出台了一系列就医、养老和救助制度。村内青壮年已实现全部就业，残障村民全部纳入社会保障。

如今的振兴村拥有固定资产 30 亿元，工农业年总产值达 3.5 亿元。目前村内有一条可容纳 160 余家商户的商贸街，一处可容纳 500 人就餐的生态酒店。同时，村内还建成了红色收藏馆、孝廉公园、红色广场、百家姓文化展示馆、上党印象体验区、中国名村文化展示馆等 19 个旅游景点。

未来的振兴村，将逐步达到两万人的小镇建设规模。在新时代背景下，围绕"就地入学、就地就医、就地就业、就地养老"等公共服务与福利保障，探索出一条以城乡融合发展为指引，以"村企融合"为发展特点的新型农村集体经济振兴之路。

（二）始终不忘共富初心

牛扎根既是振兴村的村党委书记，也是振兴集团的董事长。如何处理好企业和村集体，村集体和村民之间的关系，这是村企融合的关键，也是实现村民共同富裕的前提。动员群众建新居，收储土地为村庄谋发展，建人才公寓吸引新村民、完善村民公共服务与福利保障，谋篇布局再出发，建立共富长效机制，牛扎根一直走在全村致富路上。

1. 处理好企业、集体和村民之间的关系

笔　者：现在的振兴集团和振兴村是一种什么关系？

牛扎根：振兴集团和振兴村是一种政经分离、村企融合的关系。2009年，长治县将原关家村、郜则掌村、向阳村三个党支部从西火镇党委中剥离出来，并入振兴试验区，归振兴新区党委和管委会直接领导。成立城乡统筹试验区的目的，就是为了尝试探索一条经济上用企业优势带领村庄社会经济整体向前发展的道路。

笔　者：振兴集团是一个什么样的企业？有多少职工？本村村民占了多大比例？职工收入如何？

牛扎根：20世纪80年代初，在党的号召下，我个人在24岁的时候就开办了小煤矿，2001年时我还是西火镇煤矿的书记。2001—2004年，在经历了两次煤矿改革后，我们的煤矿企业主要是村上八九个村民占股。现在振兴集团下面有5个子公司，是一家全体村民持股的企业，村集体收入每年大约6900万元。

整个振兴集团员工，最多的时候有3000多人，固定职工有2000多人，还有一些临时工。临时工最多的时候大概有1000多人，不过这部分

人员的流动性要大一些。村里面在振兴集团上班的也不少。煤矿公司，坑下作业的，大致比例是村外的员工超过 60%、村里的员工不到 40%。坑上作业的，村里的员工占 60%、村外的员工占 40%。

旅游公司，普通员工一半是从外面招聘进来的、一半是村上的。公司高管，基本都是从外面聘请进来的。我们的企业不仅解决了本村劳动力的就业问题，周边村庄在我们这里上班的人也很多。我们的普通职工，月人均收入在 5000 元左右。

振兴村是由三个村合并而成的，我们原来的关家村人年均收入是 3.6 万多元，郜则掌村人年均收入是 3 万元。普通老百姓月人均收入基本在三五千元，年人均收入都在 3 万元以上。其实无论是外来员工还是本村的员工，我们在待遇上都一视同仁，养老、保险等都是一样的。

笔　　者：振兴集团和振兴村是一种怎样的融合关系？

牛扎根：振兴集团每年会拿出 60% 的收益，用于支持改善村里的发展和各种福利保障事业，公司的股份有 20% 是全体村民持股。也就是说，振兴集团每年扣除各种费用的总收益后的 60% 用于村庄综合发展。属于集体所有的那部分收益，多会用于公益事业和福利事业。村民持股的 20% 的收益，按各家持股比例的不同，就分给了振兴村的全体村民。

2. 建新居与搬迁的难题

笔　　者：目前共建 569 套，最开始的时候就有这样的规划吗？整个搬迁安置过程的细节是怎样的？

牛扎根：最初的时候并没有这样的规划。最开始的时候建了 136 套别墅式住宅，还有 95 套标准化村民新居。后来，三个村加在一起，总共建了 569 套。从项目、计划、方案到规划，2009 年第一个村的新居全部建好，一共用了两年多时间。

三个村569套全面建好，一共用了5年时间。从2007年年初开工到2013年年末，施工队基本没有停工，一直在不断建设和完善之中，相关公共设施也一直都在陆续建设中。除了完善公共设施，我们还发展乡村旅游、做教育培训、做文旅康养。

第一个整体搬迁的是关家村，之前大家都散居在山上，户与户之间房屋最大落差有100米左右。我们选择建新居的地方还是在原来的村域内，重新找了一个位置相对平坦的地方，让大家统一集中居住。

当时每套房子总造价是35万元。每户一套平均需出资5万元，振兴集团给每户出资20万元，剩下的10万元，是我个人拿出来的。在振兴集团，我是大股东，分的钱多，我要用分的钱来更好地服务村里的老百姓。

另外，搬迁过程也挺不容易的。房子盖好了，新村建好了，老百姓对住了几十年的老房子恋恋不舍。那段时间我们遇到了"搬房难、迁坟难、挪庙难"三大难题。我们村山上大大小小的庙宇，如山神庙、土地庙、关公庙、奶奶庙等，为了让老百姓少跑路，为了大家的和谐，所有的庙我们都请到了槐荫寺。

搬房、迁坟是个大难题，但又不能不拆。不拆的话，就没法搞村庄的整体规划。村民的工作还好做些，最难的是我的家人和亲朋好友。村上做事讲究一碗水端平，要有一颗公心。群众不患寡而患不均。亲朋好友和家人觉得我们都是自己人，总想着他们自己少出钱、多分房。

一些村民有矛盾的心理，他想住新房，但老房子又不想拆。他想在老房子里面养猪、养鸡，养一些家禽。但是你要不拆他的老房子，我们就无法做到土地占补平衡。所以，那个时候每家每户我是挨着做工作，比我小的我都叫他老哥，有时说到动情处忍不住掉眼泪，甚至让我给他下跪我也愿意。

笔　者： 整村搬迁过程中你们遇到哪些困难？

牛扎根： 关家村搬迁，一户是出了 5 万元，而郜则掌村的村民一分钱也不想出。理由是，郜则掌村地下能产煤，关家村地下不能产煤。后来，一些村民又提出新的要求，让我们给他再买套家具才行。有村民找到我，说："我的房子都是新的，可我的沙发家具都是破的，新房子配了新家具才好嘛。"当时有十几户村民都提了这个要求，我觉得应该是他们私底下都商量好的。

当时我就半开玩笑地问他，搬新家了，你那个老婆还是旧的呢，你换不换啊？你搬到新家了，你就应该娶个新媳妇啊，你要是同意换，你回去问问你老婆，看她同意吗？看你爸爸妈妈同意吗？在农村做事，对那些不讲理的人就要说狠话，要不然他会给你出不完的难题。因为他们那个村里有煤，所以在后来搬家的时候，非要每户再给 10 万元，他们才肯搬。理由是，房子下面有煤，拆迁不能只按房子面积算。可是地下的煤就算挖出来了，也不是我们的啊，那是国家的。宅基地是你的，地下的煤可不是你的啊。我这样给他们讲道理，做工作，才算把他们的思想做通。

其实，挖煤挣的钱，他们在振兴集团里都是占了股份的。村民觉得给他一套房子才 35 万元，从他的房子下面挖的煤能有 50 万元，不给他 10 万元，他就觉得自己吃亏了。他不知道振兴集团一年要上缴多少税，为村里做多少公益事业，如修路、建学校、发展教育事业、捐赠灾区钱物等，这些支出每年要花费几千万元。

3. 土地集约出来，再合理使用

笔　者： 按照当时国家的土地政策，你们在腾退安置新居的过程中，一定会在原有占补平衡的基础上，集约出来一些集体性建设用地。你们用这些节约出来的土地，做了什么呢？

牛扎根：利用集约出来的土地，我们搞了很多公益事业，比如建医院、建派出所、建学校，收储的土地搞了很多基础公共设施。原来村上的学校只有50来个学生，现在学校的学生有1500余人，学校占地面积比原来大了很多。比如原来是卫生所，现在我们盖了卫生院。原来村上没有派出所，现在有了派出所。

笔　　者：关于建新村方面，我看村上的资料里面写的是"先建后批"，具体是怎么执行的呢？

牛扎根：占补平衡以后，才能办理土地手续。也就是先建起来，把原有的旧村复垦为一般农林土地，之后再批。因为是先行试验区，所以我们可以先建设，之后再办理手续。先建后批，就是一个后期完善手续的过程。

笔　　者：作为城乡统筹试验区，原定计划的五个村，为什么现在只有三个村呢？

牛扎根：政府给我们规划的是五个村，其中有一个村不同意，另一个村只同意把土地流转给振兴村。也就是我们的新村只搬进来了三个村，流转了第四个村的土地（农地）。

其中一个村不同意的原因是，他们的村比我们这个村要大，他们不愿意并到我们这个小村。当时为什么要改名字呢，就是另外两个村郜则掌村、向阳村也不愿意并入关家村。名字改成振兴村后，大家也都同意了。

这个并村的事能不能搞得成，还得看各村的村民意见，上面没有硬性规定。协商的成，就合并到一起，协商不成也不强迫。最后人家不同意，这事也就算了。这就叫因地制宜，实事求是。同意了就干，不同意就算了。

笔　　者：三个村合到一个片区后，我们还有没有多余出来的建设用地？对这些多余出来的土地，我们是否有一个类似村土地资源收储的资产管理公司？

牛扎根：有。我在分地的时候，就留了一大部分集中地，同时每人也留了二分自留地。多数集中，少数分散；有统有分，统分结合。如果每家有五口人，可以留一亩地，其他都归村集体统一经营。流转到村集体的耕地、林地，统一每亩价每年1000元，这个价格长期不变，也算一次性长期流转，让老百姓旱涝保收。

村集体收储了这么多土地，谁来经营呢？我们的办法是再由村集体反包给农户，每亩每年劳务费500元，种什么由村集体说了算，村集体负责种苗、农资统一供应，统一标准、统一质量、统一经营。超出部分的收益，40%归农户个人所有，这是一种多劳多得、少劳少得的运营机制。

村集体收储后还没有使用的村集体经营性建设用地，大约还有500亩。以后准备建一个职业技术学院，还预留了文旅康养建设用地。

4. 吸引新村民，做强振兴村

笔　者：未来振兴村计划建成一个两万人规模的小镇。目前是什么情况？这一块今后准备怎么做呢？

牛扎根：村里的农业人口是2309人，振兴集团的职工有2000多人，其他打工的有1000多人，还有1000多流动人口，再加上学校的学生1000多人，这几块加起来就有七八千人。目前的这个人口距离我们的人口发展目标还差了12000多人。这个缺口也是我们将来的奋斗目标，是我们未来十年要做的事情，争取在2035年完成这个目标。

要招商、要引资、要引进人才，我们还要搞二产加工业。未来这两万人的构成也比较复杂一些，如我们的老村民、我公司的员工、外来的商户、在这读书的学生、在这里居住生活的新村民。

无论是新村民还是老村民，包括我们吸纳的一些高素质人才，他们享受的待遇都是一样的。对一些重点人才，他享受到的待遇比老村民还要高。

新村民加入我们村集体，按村民自治章程的流程操作就行，村里有派出所，一些符合条件的新村民，如果他愿意，也可以落户我们村。现在我们这里已经增加了50多户，主要是来这里创业的一些人。

笔　　者：新村民加入村集体，有没有具体要求？

牛扎根：有专业技术的人才，可以落户，新村民是可以享受振兴村村民一样的待遇。

对村庄发展做出贡献的新村民，村集体会根据相关融入机制和程序，送一套房子给他，同时再配一辆车。如果一户不超过5口人，就送一套房子，相当于价值100万元的奖励。人才加入进来，成为我们的新村民，这叫人才兴村。有了人才，振兴村才会持续振兴。

我们是一个试验区，村里除了有派出所外，还有劳保所、财政所、学校、卫生院、土地所。具有往大发展的相关制度和部门配置的所有条件。

5. 健全村民保障，改善村内民风

笔　　者：小病不出村，大病看得起。仅从村民的社会福利和保障体系建设方面看，您是否认为振兴村已经具备了共产主义理想乡村的样子？

牛扎根：作为一个全心全意为村民服务的村集体经济组织，我们始终坚持把民生工作放在第一位。在社会保障体系建设方面，我们也是量力而行，是一个逐步完善的过程。村里现在的就医、养老、救助制度做得还不错，村民福利事业也在进行和逐年完善中。

作为全村带头人，我肩负着全村发展的希望，而想要把村庄发展好、建设好，需要做的事情有很多，需要一辈人接一辈人地干，不可能一蹴而就。另外，照顾好老的，安排好小的，不辜负上辈人的养育之恩，为下辈人的发展铺好路，这是作为全村带头人的最大使命和责任。

笔　者： 村里的一个最大亮点就是村民的各种保障机制特别健全。20世纪八九十年代，你被调离了一段时间，那时村民福利有中断吗？

牛扎根： 没有。我去镇上那段时间，村上就有点乱套了，水也停了，电也断了，家家户户都给我做工作，领导也给我做工作。最后，我又兼任了我们村的支部书记。因为村集体经济一直有收入，所以那些"免"字的福利保障，我们村是能承担得起的。但总吃老本不行，要让村集体经济持续发展壮大才行。

如何合理分配这些资金，要讲方法、讲技巧。现在村集体经济组织每年能分配到的收益有几千万元，除了各种福利和保障，及相关日常开支，每年还有结余。村集体有了收入，要按比例提出公积金、公益金，还有储备金、周转金。扣除要提取的资金后，才能再分配，才能再使用。

笔　者： 村民生活富裕了，村里的家风、民风，是不是要比别的一些村庄要好？

牛扎根： 是的。村里家家户户都要做家风家训建设，要把它提炼出来、展示出来。我们整个村的云平台系统里面，村里每个党员都有一个座右铭。婆媳关系如何，子女教育如何，老人照顾如何，夫妻关系如何，妯娌关系如何，兄弟关系如何，邻里关系如何，这个每年都是要评比的。

如果没有好的家风，就没有好的民风。如果没有好的民风，整个乡村风气就不会好。因此要年年评比。很多村发展乡村旅游，做度假康养，最难做的就是这一块。乡风文明听着虚，实际非常重要。

6. 振兴村的治理和运营

笔　者：振兴集团下属的企业每个版块的分工、考核目标、运营情况有何不同？

牛扎根：振兴集团下属的企业，主要是独立自主，独立经营、自负盈亏，根据每年的经营目标各自去做，完成目标、超出目标有奖励，完不成有罚。需要有相配套的激励机制、奖惩机制。

各个板块的负责人，主要是外面聘请的，目标任务都是集体公司定的。零活、小活，各公司根据自己的实际情况，可以自行安排和处置。

作为一个试验区，村上有集体企业，也有少部分基于市场的社会企业，比如农民自己开的农家乐、民宿。目前情况还是集体企业的力量更大一些，以后会向市场的力量倾斜。通过集体的力量和市场的力量，实现一个新的更加合理的平衡。多一些市场力量，村庄发展会更加有活力一些。

目前市场的力量也就只有30%左右，弱了一些。我们村集体的一些资源资产，以后会加大招商力度，对外承包出去一些。要加强市场化经营建设，多引入一些市场经营主体。

集体的是集体的、个体的是个体的、市场的是市场的，大家和谐共处、协同发展。大家"各美其美、美人之美"，最后才能"美美与共、天下大同"。

治理一个村庄像治理一个国家一样，它虽然小却是五脏俱全，需要监管、需要引导、需要把控、需要总揽。在市场主体面前，要做好裁判员和服务员；在村民面前，要做好领导，做好服务员和调解员。

笔　者：要想市场的力量再大一些，吸引一些优质市场主体，一是要为商家提供更优质的营商环境和服务，二是需要提高品牌美誉度和市场影响力。关于这两个方面，今后会如何做？

牛扎根：你说的这两点，目前关于营商环境和营商服务，我们做得相对要好一些。品牌影响力是有了，全国的、部委的、省里的各种荣誉，我们也获得了不少。只是基于市场的总体品牌定位上有些弱，以后需要再清晰一些、再明确一些。

与其他一些做得好的村庄相比，我们村的最大特点主要体现在集体经济方面，具有新时代社会主义集体乡村"强美富"的鲜明特征。在这方面，我们要加强梳理归纳、要提炼总结。当然这是一个非常专业的工作，需要一些相关领域的专家，帮助我们来完善这方面的研究、总结和提炼工作。

（三）争创新时代的共同富裕示范村

振兴村经历了40多年改革开放的市场洗礼，像一坛老酒，散发着浓烈的乡土的醇香。振兴村更像一棵大树，从最初的合作社、人民公社，到分田到户、家庭联产承包，再到现在的资源要素的再集体化经营，它就像一颗种子，深深扎根乡土，汲取社会主义乡村的治理理念，并一点点、一步步从泥土地里长起来的一棵大树。

若围绕乡村振兴战略二十字总方针剖析乡村振兴典型案例，振兴村可以说是乡村振兴的一个样板。村企融合，让振兴村实现了产业兴旺、生态宜居、乡风文明、治理有效、生活富裕。单说振兴集团与村集体之间形成的财富分配机制和内生型治理制度，就足以挖掘出新时代社会主义农村集体经济"强美富"的内涵。

也许来调研、学习、参观的人，他们觉得自己的县域、乡镇、村庄发展，与之相比后，油然而生出一种望尘莫及的艳羡，甚至还可能以人家有特殊资源优势为理由，认为自己学不来，只能作为日后奋斗的理想和目标。

围绕村集体与集体成员之间的"公与私"而展开的乡村社会经济建设，简单来说就八个字——如何挣钱，怎样花钱。体现在钱如何挣、有了钱以后怎么用的兴村要点上。

以下将以此为中心做深度延伸解读，并对振兴村的下一步发展，给出我们的一些发展建言。

1. 村里要有一个核心带头人

实现村企融合首先要解决的，是谁来带领村集体去挣钱的问题。壮大农村集体经济的带头人，就是带领全体村民共同挣钱的那个人，那个拥有乡土团体精神，且人品好、德行够、能力足，在村上有公信力，村民信得过的人。任何一个想要振兴的村，能不能找到、能不能请回、能不能培育出这样的一个人，是决定其能否实现乡村全面振兴，能够多大程度上实现乡村全面振兴的重要前提。

振兴村的牛扎根书记，显然就是这样的一个带头人。最初，是他自己开煤矿办企业，在当了村党支部书记之后，又自觉自愿地主动将自己挣的钱，用于村庄建设和村民福利与保障，并将企业的股份分享给村民，这是十分难能可贵的。他的这种"服务村民、不负乡民"的行为和思想觉悟，深受"为人民服务"的奉献精神的影响。

村企融合的发展本质，是村集体带头人如何看待"公和私"关系的态度问题，一个个人致富和集体共富的"私心和公心"孰轻孰重、孰多孰少的内在平衡问题。经过四十多年改革开放的市场经济洗礼，人们的个体意识越来越强、团体精神越来越弱。一个合格的村集体带头人，是那些怀有一颗公心，凭借自己的吃苦精神、做事能力，愿意为全体村民"生活谋幸福、生存谋保障"的人。

有没有这样的村集体带头人，是决定一个村庄能否实现全面振兴的核心。若没有这样一个人，乡村的全面振兴将会迟缓很多，整个村庄也很难整体发展起来。这是一个具有普遍性的兴村难题，也是最需要直面和重点解决的一个焦点问题。因为无论什么样的村集体经济组织，若有了这样的致富带头人，村庄基本就有了振兴起来的希望。

2. 村庄带头人有能力为村集体创收

实现村企融合的第二个要点，是钱怎么挣的问题。村集体没钱，村民对村集体就失去了依托。振兴村之所以能成为乡村振兴的示范和标杆，能获得各种乡村发展的机会与荣誉，一个重要原因，就是村集体有钱，并将这些钱用在村庄建设和村民福利保障上，让村民有获得感、幸福感、安全感。

创富力是村集体分配力、保障力的前提，而分配力和保障力，又是村集体公信力、组织力、凝聚力的基础。任何一个村集体经济组织，想要增强集体力量，必须先要解决自身的创富能力。一个没有创富能力的村集体经济组织，会严重缺少治理抓手，也很难提高长期有效的治理机制的创新。

总之，乡村要全面振兴，最需要做的事情，就是在一个合格的村集体带头人的带领下，不断提高村集体经济组织的收入。

事实上，大多数村集体经济组织的客观情况，要么是徒有其表，要么是市场能力极弱。关于这方面，振兴村是一个成功的典型案例。振兴村的集体经济收入主要来源于振兴集团的收益分配，而振兴集团在村党委书记牛扎根的领导下，实现了村企融合，解决了村集体经济组织资金来源，代替了村集体组织与市场打交道的功能，这是振兴村能振兴的制胜法宝。

作为村集体经济组织，一定要解决钱从哪里来、如何去挣钱。靠从农户缴纳的公粮中提留获取集体经济收入已成历史，靠村民按户或人头定期向村集体经济组织缴纳费用也不现实，千方百计争取国家和地方政府财政倾斜资金的做法也不是长久之计。

打铁还需自身硬。要想壮大农村集体经济，还要回到如何利用村域内的人财物等资源要素上，通过不断提高村集体经济组织与市场打交道的能力，利用集体的力量，还有社会服务主体的力量，以及愿意介入的市场主体的力量，在遵循市场法律和交易规则的前提下，不断向市场要效益，才是兴村的根本之道。

这也是目前多数村集体经济组织所不具备的一项关键能力，也是需要重点提高、增强的。这个问题不解决，乡村振兴便缺少核心动力支撑；不解决这个问题，振兴的主导权很难回归到村集体，乡村振兴的主体性很难得到彰显。

3. 科学、合理地分配村集体资金

振兴村实现村企融合的第三个要点，是村集体有了钱以后，应该如何去分、如何去用。

作为振兴集团最早的创始人，牛扎根需要解决的是，公司赚钱后如何用于村庄公共设施建设和民生改善。同时，还要理顺清楚"振兴集团、村集体、村民"三者之间，到底是一种怎样的收益和分配关系。若只是将公司挣到的一部分钱，用于完善村庄基础硬件和公共服务，这只是企业与村庄之间的一种公益行为，并不能助推以村集体经济组织的形式，解决村集体成员个人致富与村集体共富关系的长效机制建设问题。

如何将只有少数村民占股的状态，转变为全体村民共同持股的村集体企业。解决这个问题的关键，在于如何通过村民股权合理比例，来体现全体村民持股的合理与公平。所谓公平，主要是如何体现能者多劳、能者多得，根据能力大小、贡献大小来确定股权比例；所谓合理，就是要做到兼顾全体成员，充分体现村集体经济组织成员的权利。简单来说，就是"多少不一，家家有份"。

在这个方面，振兴村做法是十分到位的。这也是振兴村能够走出一条属于自己的振兴之路的重要原因之一。这个重要原因，就是振兴集团每年分配给村集体经济组织的那笔巨额收入。关于这笔钱的使用，村上做了一套完整的财务制度安排，如提取公积金、公益金、储备金，建立各种福利和保障制度，每年在村里投入建设各种硬件设施和公共服务的资金。

振兴集团、振兴村集体经济组织、振兴村集体经济组织成员三者之间，这种"能统则统、该分则分、统分结合、兼顾效率与公平"的发展关系，充分遵循了"市场的归市场，行政的归行政"的治理创新要求，是构建新时代乡村治理新体系的一次实践与探索。

4. 制定长远目标

已经 66 岁的牛书记，依然在为振兴村的发展"谋当下"，为振兴村的子孙"谋未来"。因为他心里一直藏着一件令自己感到焦虑的事情：作为一个靠特色资源发展壮大起来的村子，待到一二十年后，村上的煤矿开采完了，振兴村的集体经济靠什么来维系和支撑？

这是牛扎根书记对振兴村如何长期持续振兴下去的"百年大计"的长远思考。

站在百年之谋的角度思考振兴村，尽管其目前生态很好、环境很美、景点很多、名气很大，不过依然潜藏着村上资源资产使用效率不高，农业产业还不够强大，村庄的整体运营还不太成熟，品牌建设的定位与方向还有待进一步细化，村集体企业与介入市场主体力量的比例还需要进一步调整与平衡等问题。

若要从长期发展视角去破解这些难题，则迫切需要内部人才招引、锤炼与团队的再建设，需要更专业且精准到位的市场服务主体介入。面对这些更专业的问题——空间如何再优化、资源如何去活化、村域如何去运营、品牌如何去塑造，则需要遵循短期内"借助外力、补齐短板"、长期须"修炼内功，引入人才"的共建共享的开放式发展思路。

从振兴村目前的发展情况看，在硬件和相关配套服务设施上，已具备了周边节假日的乡村休闲旅游功能，已成为新时代中国特色社会主义集体"强美富"的典范。未来振兴村发展建设的重点主要有以下三个方面：一是以农村集体经济为基础的分配能力建设，二是在不同类型基础上发展起来的乡村现代化治理体系建设，三是不同程度的社会主义集体乡村"强美富"建设。从城乡融合和未来中国人口空间结构再布局的角度来看，提高各种类型乡村在城乡融合过程中的价值挖掘与塑造，则应成为振兴村再出发的发展关键。

振兴村若要实现长盛不衰，拥有强大生命力，实现其城乡统筹振兴试验区的发展任务，则需要重点考虑两个发展目标：一是不断提高振兴村域的整体空间价值，如生态价值、资源价值、业态价值、商业价值、宜居价值等；二是要千方百计地进行人才招引，实现镇域规模的人口集聚，使其成为宜居宜业宜游，同时具有新时代生态文明特质的旅居康养之地。

未来，振兴村应围绕这两个目标进行"空间再优化、品牌再建设"。这也是振兴村发展的"百年大计"。其中，空间再优化的目的，是为了提高整个振兴村域的空间综合价值；品牌再建设的目的有两个：一是增强振兴村对外产业招引的魅力；二是通过提高振兴村品牌的美誉度，推动振兴村一二三产融合和农产品的对外输出，让振兴村农产品品牌实现更高收益的对外销售。

只有在此基础上，振兴村才有能走出其固有的资源依附型的发展模式，完成自己的转型升级，实现自己的"百年振兴、长盛不衰"的发展目标。而通过不断完善振兴村的自治章程，依法依规地有序融入更多人才型新村民，才是振兴村做大做强"振兴康养文旅、度假旅游"目的地的基石和底气。

联合起来

安徽省六安市金安区黄墩村

对话·张务清 黄刚 赵思伟

张务清，安徽省六安市金安区横塘岗乡黄墩村人，2012—2018年为黄墩村党支部书记，现为六安市金安区柳抱丝种养专业合作社负责人和黄墩村党支部第一书记。曾任横塘岗乡轮窑厂厂长、贸易货栈经理。

黄刚，安徽省六安市金安区横塘岗乡黄墩村村民，2000年带领本村村民外出务工，从事服装行业，务工期间任车间主任、厂长等职务。2006年5月，他回乡后在金安区张店镇自筹资金300万元，成立六安佳美制衣有限公司。在2021年黄墩村党支部书记竞选中，有着13年党龄的他当选为新的村党支部书记。

赵思伟，安徽财经大学中国乡村（小岗）振兴研究院副研究员，黄墩村乡村振兴服务项目一线负责人。

小农户，尤其是主粮农业产区里的小农户，如何有机衔接农业现代化？这是一个一直备受大家关注的话题。基于市场的农地流转，基于县域或镇域的农地托管，还有农业社会化服务体系建设，这些都是小农户有机衔接农业现代化发展路上的助推力量。

　　然而，若没有村集体经济组织成员人心凝聚与要素联合作为基础，仅靠外力的推动来促进小农现代化，大多会遭遇阻碍，难以实施，即便能实施，也是推进速度缓慢。因此，推动村集体经济组织成员内部有效联合，是实现小农户有机衔接农业现代化的基础。

　　位于安徽省六安市的黄墩村，所走的就是这样一条发展道路。目前黄墩村全村546户村民，已经实现了3150亩土地折股加入柳抱丝合作社，并与村内外农业大户联合组建了7家公司和一个农机合作社。2021年，黄墩村依托农业改革发展契机，村集体经济组织收入超过了100万元。

（一）资源联合，始于人心凝聚

　　黄墩村是安徽省六安市金安区横塘岗乡下辖的一个普通的农业型行政村。全村村域面积5.8平方公里，有23个村民组，614户，2141人；拥有耕地3460亩，山场4000亩。早在改革开放初期，这个村的集体资源资产很少，80%以上的年轻人主要靠外出务工获得收入。

黄墩村距离六安市南郊约40公里,位于巢湖主干流丰乐河的源头,坐落于大别山北麓余脉之地,属低山丘陵地区。2018年改革之前的黄墩村,土地抛荒严重,最严重时全村3460亩耕地抛荒了近千亩,土地抛荒率达30%左右。

黄墩村的土地、山场、水面等资源,低效使用和闲置问题十分突出。从可查的统计数据来看,2017年黄墩村全村的农业年收入只有217万元左右,每亩年均创造的销售收入只有627元。

目前,全国位于农业主粮产区的乡村,大多数村庄都面临着与黄墩村相同的振兴与发展难题。对于这样的普通型村庄,村集体经济到底该如何壮大,小农户怎样才能有机衔接农业现代化?这是一个严峻的问题。

2017年,尽管黄墩村完成了10万元的村集体收入,然而这笔钱的获得,主要还是靠上级财政支持的光伏项目,即光伏项目每年有9万元左右的收入。另外的1万元收入,主要为村内一处长期闲置不用的村小学出租收取的租金。

黄墩村的村集体经营性收入几乎为零,且面临着"无资金、无资源、缺技术、缺人才、难管理"的"两无两缺一难"发展困境。在乡村振兴大背景下,2018年,黄墩村开启了"三变改革"的创新之路。

1. 凝聚思想,达成共识

小农户如何有机链接农业现代化?村域闲置抛荒、低效利用的耕地的联合与再集体化,就成了继农业生产要素向农业公司流转,在县域镇域平台公司托管后的新的创新探索。

然而,如何将村民手上的资源有机联合起来,其成功的关键,主要是村级组织能否将村民的人心凝聚起来。而为了将民心凝聚起来,黄墩村资源再集体化改革之路，首先就是村级组织从不断开会、从组织起的一次又一次的讨论开始的。

据统计，截至 2021 年年底，黄墩村召开了各种不同类型的几百场会议。至于具体开了多少次会，没人说得清。会议类型也很多，如村"两委"会议、村民小组会议、党员会议、村民代表会议、村组干部会议、乡贤能人会议和党员村民联合会议等，大大小小、不同层面、不同形式、不同类型的会议。

总的来说，其所召集开会的人主要分三类：一是在村的村组干部、党员和村民，二是本村种田大户，三是离村在村外发展较好的能人、新乡贤。

通过召开村庄大会，让那些见多识广、在外发展较好的能人或乡贤，了解村里发展的实际情况，提升他们发展家乡、建设家乡、服务家乡责任感和使命感；让他们知道自己的家乡如果不寻求突破，不久的将来村庄可能空无一人。

另外，在召开会议中，村"两委"也听取了他们对村庄产业结构调整、农业规模经营、村庄未来发展方向和路径的意见和建议，为助力村庄发展想了很多的办法和主意。通过这些能人或乡贤的社会关系，对接外地的龙头企业，为发展乡村产业奠定了一定的人脉资源。

通过召开种粮大户的会议，了解种粮大户在生产经营中面临的问题和困难，探讨分田到户所带来的经营上的短板与不足，分析了全村一家一户的土地再次联合起来经营的优越性，以及推行土地联合过程中可能面临的问题。

召开村组干部会议、党员会议、村民代表大会、村民小组会议等一系列会议，目的都是寻求化解一家一户分散经营存在的问题，寻找解决问题的办法，以及村庄未来发展的方向，为黄墩村可持续发展建言献策。

在一次次的会议中，大家渐渐达成了共识，让更多村民意识到村庄发展存在的严重问题。同时，也凝聚了民心，统一了村庄改革的思想，增加了全体村民发展家乡的紧迫感、责任感与使命感。

2. 他山之石，可以攻玉

通过开会反复讨论，把人心凝聚起来，把大家的积极性调动起来，把大家的思想统一起来，是黄墩村依托村集体力量自我发展所走的第一步。而这也是通过凝聚民心实现资源联合的最难走的一步。

资源联合起来不容易，然而联合起来以后应该怎么干、去做什么，则是更难的一步。为了解决资源联合起来以后做什么的问题，村干部通过外出学习考察的方式，积极汲取别人的成功经验，并从中探寻自我发展的方法和路径，就成了他们必须选择的一条捷径。

关于如何推动黄墩村的改革发展、目标如何建立、方向在哪里，当时在村"两委"心里并没有明确的发展思路。在市、区组织部门和乡党委、政府的支持下，黄墩村村"两委"先后前往六安市孙岗镇、宣城市旌德县，以及安徽省外的贵州省塘约村，先后进行了三次考察学习。

贵州省塘约村是"三变改革"的全国示范村。在这里，他们学习到了塘约村村"两委"是如何将该村集体经济组织成员的土地全部收归村集体经济组织，然后再由村集体经济组织进行日常统一管理的做法。

在旌德县孤堰村，黄墩村村干部学习到了他们是如何利用土地三权分置，将村民的土地经营权租赁给企业，或种植大户进行经营，或将村民的土地流转给村集体，再由集体转包给种植大户的经验。

的确，外出学经验，及时汲取他人先进做法，是自我进行突破的一个捷径。通过深入农村集体经济发展较好的村庄调查学习、实地摸底，黄墩村村"两委"充分借鉴了贵州省塘约村推动"三变改革"的做法和经验，找到了一条符合自己村庄实际的"村庄经济发展和村企联合发展"的"大联合"的改革之路。

3. 盘活村域资源的三次试验

纸上得来终觉浅，绝知此事要躬行。资源联合起来后，具体应该怎么去做呢？为了找到适合自己的发展道路，从 2018 年开始，黄墩村村干部前前后后共进行了三次小规模试验。

第一次试验：村集体出面从村民手中流转 380 亩土地，然后转租给外村的种植大户经营，村集体每亩农地收取 40 元管理服务费。第三年刚开始，由于种植大户经营管理不善，导致种植亏本，结果种植大户跑路了，农民损失了 2.2 万元的土地流转费。这次试验，说明把集中起来的土地单独交给种植大户经营，风险较大。

第二次试验：村"两委"流转村民 200 亩土地，由村干部尝试独自经营。由于村干部既缺乏必要的时间和精力经营土地，也缺乏必要的技术能力；村民也觉得这是"村集体"经营的土地，与他们无关。结果，通过一年的试验，村集体损失了 1.7 万元。

第三次试验：村集体和养殖大户联合创办公司（各占 50% 股份），村企联合养殖皖西大白鹅 2000 只。这次由养殖大户和村集体按照合同分工负责、联合经营。养殖过程中，村集体协调与养殖大户之间的各种矛盾纠纷、提供相关基础设施配套服务，以及销售市场开拓等必要的服务，由养殖大户负责大白鹅的日常养殖和销售。这次的试验，养殖大户和村集体都赚到了钱，养殖大户和村集体各分红 2.7 万元。

通过这三次试验，村"两委"认识到一个问题：把村民闲置或低效使用的资源统一起来后，若只是简单地将其外包出去或自己去干，都不是资源活化的最好办法。在这个过程中，只有将村集体组织的力量和优势，同擅长市场化经营的大户或企业机构形成优势互补，才能共同推动村域资源的使用效率和质量。

黄墩村的村集体经济组织和市场主体的首次联合发展的成功，也为随后更多不同层次和不同维度的联合开启了一扇窗。而这也为黄墩村围绕种养殖业、供销合作、农产品加工等初级大联合增强了信心。

4. 走上"大联合"发展之路

2017年年底，在六安市委组织部和金安区委组织部及市、区农业农村局等涉农相关部门支持下，在横塘岗乡党委领导下，黄墩村成立柳抱丝合作社。柳抱丝合作社是黄墩村集体经济组织的重要组织载体，村"两委"成员兼任柳抱丝合作社的理事会和监事会成员；其法人和理事长，皆为时任黄墩村村支书张务清。

柳抱丝合作社是黄墩村推行资源要素活化的"初级大联合"平台，也是聚集村集体成员闲置资源、资产、资金的股份经济合作平台。为将村民的资源要素有效组织并统一起来，该平台设置了农业人口股、种养殖业股、闲置资金股、土地流转股、集体资产股等股份。

经过前期的各种开会讨论和一定程度上的人心凝聚，还有外出学习考察，2017年年底在各种条件已基本具备的条件下，黄墩村村民委员会代表村集体经济组织，将村集体的180亩林场、100亩茶园、100亩河滩地、70亩水面等资产折股量化，作为集体资产股入股柳抱丝合作社。

在资金入股方面，绝大多数农民起初皆处于观望状态，并没有人愿意拿资金入股。最初，全村只有11个村民拿钱入了股，且主要是离任和在任村组干部。他们将自己的55万元闲置资金入股到村集体经济组织。即便是将承包给村民的土地资源进行再集体，也经历了一个由多数质疑和少数尝试、多数观望少数参与的由少到多的过程。

在村民眼中，其看重的不是你说了什么，而是具体做到了什么，给参与者带来了什么。对此，村集体经济组织只能用实实在在的成绩说话，是急不得和急不来的。

截至2021年12月30日，在黄墩村党组织的动员和引领下，共有546户将3150亩农田折股入股柳抱丝合作社。全村除因田块过小不能进行机械化耕种、因山坡地等水利设施无法使用的农地外，90%以上的农地已完成市场评估，经营权统一给了柳抱丝合作社。

也是在2021年年底，黄墩村集体经济组织依托柳抱丝合作社，通过股份合作的方式，已与当地种养殖业大户联合组建了7家公司和一个农机合作社，如黄粮畈种养殖公司、丰乐源油茶公司、畅达建筑工程公司黄墩分公司、龙潭河特种水产养殖公司、雪峰生态养殖公司、柳抱丝粮油开发有限公司、黄墩村供销合作社有限公司和黄墩农机服务合作社等。

在这一系列联合过程中，代表村集体经济组织的柳抱丝合作社占黄粮畈种养殖公司40%股份、占畅达建筑工程公司黄墩分公司25%股份、占龙潭河特种水产养殖公司30%股份、占雪峰生态养殖公司50%股份、占柳抱丝粮油开发有限公司45%股份、占黄墩村供销合作社有限公司40%股份、占黄墩村农资服务专业合作社35%股份。而黄墩农机服务合作社，则归村集体经济组织——柳抱丝合作社全资控股。

从人心的统一到要素的统一，再到资源要素的市场化产业运作，黄墩村完成了由代表村集体经济组织的柳抱丝合作社主导，不同产业独立市场化平行运行的一次大联合。同时，这也是一个普通农业型村庄，在新型农村集体经济发展壮大之路上，一次有益的成功探索。

（二）联合起来，做大做强

"大包干"是把集体的资源、权利分出去，"大联合"是把村民手上的资源、权利统起来、联合起来。分下去不容易，统起来则更难。为了实现"统起来"，老支书张务清和新支书黄刚，必须先把村里的人心唤醒并凝聚起来，没有这个作为前提，后面一切想要做的事情将无从谈起。凝聚人心，容易吗？

1. 为什么选择"大联合"

笔　者：从改革开放后的"大包干"，把集体土地分包给一家一户，到如今的"大联合"，再把土地资源集中到村集体经济组织，请问您是如何看待"大包干"和"大联合"的"分"和"统"的？

张务清：我是 1964 年出生的，1981 年高中毕业回村参加劳动，当时正赶上我们村搞分田到户。当时有人讲分田单干好，也有人讲单干不好。在我看来，当时搞"大包干"有特别明显的积极作用，因为当时我们村老百姓由吃不饱开始能够吃饱饭了。

问题是，大包干虽然解决了农民吃饱饭的问题，但要想靠一家一户种田致富，就不是那么容易了。从现在的乡村发展情况看，可能弊大于利。若是全家只靠种田，不出去打工，恐怕一家人的日子都过不下去。

当年我为什么高中辍学回家了呢？当时家里分到了十亩田，母亲生病了，弟弟妹妹还小，就我父亲一个人在地里干活。因此，我不得不辍学帮家里维持日常生计。如果当时还有生产队，我也就不至于辍学回家干农活了。因为生产队会帮我们家干活。作为村集体经济组织，村上小孩子上学时若家里有困难，村上是有助学金的，邻里之间也是会相互帮助的。

时隔这么多年，这也是为什么我又重新提出要把农民承包经营的田地再次统一到村集体经济组织的原因。而想要实现初步的大联合，村集体经济组织就要发挥带头作用，把大家的闲置和低效使用的资源联合起来。

这是前提，也是基础。比如说，农业的机械化问题。大包干后，土地在一家一户，非常零散，机械怎么高效作业呢？这样的生产关系会阻碍生产力发展。而把一家一户的田地流转到村集体经济组织，既省钱又省工，大型机械也可以高效作业了。

我们做过统计：整片农地集中耕种，每亩只需要90元，一家一户耕种则需要140元，每亩可以省50元；还有农作物成熟收获季节，整片收割每亩只需要60元，而一家一户收割则需要90元，每亩可以省30元。

还有农药喷洒。一家一户用压桶打，一亩要打三次农药，一次需要20~30元，总共需要80元左右。现在村里是村集体经济组织成员联合在一起进行整片打农药，且用的是无人机植保。这样一来，每亩农地则只需要50元左右就够了。如此算下来，每亩地就可以平均节省30元左右。

现在，我们村的年轻人基本都出去打工了，田没有人种，地荒了很多。一些农民甚至还会送钱，把自家的地给人家种。

在这样一种情况下，我们把村里抛荒的和没人种的地，或不想种的地流转过来。通过把农田向村集体经济组织集中，村里每人都增加了收入。而且平时村上只有100多人在家，他们参与到其中，工资不仅不低，且还把人解放了出来。如此，贫困户的生活问题也顺便解决了。

这些人现在在我们村集体经济组织里就业，收入少的一天有80元，多的一天有100多元。一年他们基本都能做一两百个工，把这些工加到一起，每个村民每年就能有一两万元的收入。如果他们靠种自家地，每年的收入也就4000~6000元。

通过公共岗位，我们村集体经济组织已经解决了30多个贫困户的就业问题。对于他们来说，地里的田不用种了，对于国家来说粮食的产量也有保障了，可以说是一举两得。因此，这样的大联合应该是乡村小农户有机衔接农业现代化的必由之路。

笔　者：壮大集体经济，您认为十分重要吗？

张务清：在我的思想里，我是非常认同集体经济发展道路的。只有走集体发展道路，人和人的收入、城和乡的发展差距，才不会像今天这样大。在当时那样的背景下，大包干、分田单干也充分调动了人的主观能动性，有它的时代积极意义。

在我心里，当然是想带领村民走资源集体化经营发展道路的，但是只是心里想是没有用的啊。这些年的社会经济大环境，让村民的集体意识已经越来越淡薄了。重新走集体化这条路并不是那么好走，很多在我看来觉得很容易的事，落实起来其实并不那么容易。

我长期关注中央关于农村工作的一些重要会议，包括一些专家对会议精神的解读。我觉得，一些领导的发言和专家的观点，在推动农村集体经济发展方面，还是态度不明朗的，甚至有点过于理想化，话说的不够实在。

当时，我在黄墩村搞资源要素再联合和生产经营再集体，千方百计充分利用好村集体经济组织的力量和市场主体的力量搞发展，我的初心和目的非常简单，就是要缩小黄墩村的贫富收入差距，给那些能力不够强和家庭经济情况不够好的村民，找一条靠集体力量发家致富的路子。

搞土地流转，促进农业生产的集约化、推行机械化，形成农业产销的规模化效应，将村内劳动力解放出来。这是改变过去的生产关系、发展生产力的新形势需要。现在的农业发展已经具备机械化、信息化的条件，至于如何发展集体经济，用好村集体经济组织的力量，这需要我们去找办法和想点子。

至于能不能走出一条新型集体经济振兴之路，主观上，我的意志是非常坚定的。我本人并不愿意每天大部分精力都放在应付日常的琐碎事务上，我想为我们村的村民多办些实事。现在，我的父母都走（去世）了，孩子也都考走了（上大学留在城市工作生活），现在最让我牵挂的，或我最想为之奋斗的，就是把自己的全部精力都投入到这个"大联合"事业中去。我要把我人生最后的时间，都用在为家乡发展和为乡亲们的服务中去。

2. 直面困难，摸索着向前闯

笔　者：请分享一下在推行"大联合"的发展前期，"三会、三看、三试、三核"是怎么一回事？

张务清："三会"中的第一次"会"是种地大户的会议。当时我们召集了 20 多人，请他们谈一谈对种粮的想法，一年能挣多少钱，对村集体经济组织有什么诉求。结果，大家普遍认为：种粮不划算，上工上水、机械成本太高。

第二次会在 2017 年春节召集，正月初七。当时在村"两委"的号召下，我们把村上在外面发展得好一些的人都召集了过来。目的是想听一下他们的想法，希望他们能多献计献策。

2017 年端午节，我们又把村上一些有见识有学问的新乡贤聚在了一起。为了方便种粮，我们想要把村上的土地集中，咨询他们这样干行不行、愿不愿意回来。

这些人有擅长种粮的，有擅长种油茶的，有会规模养鹅的。他们说，村集体只要给他们政策、土地，他们就愿意回来。

那一年到了中秋节时，我觉得这事酝酿得差不多了，村"两委"就把村民小组长、村民代表、部分党员等召集在一起，开了个会，让他们谈谈自己对资源联合起来这件事的想法。通过这次会议，我们当时也想统一下村集体经济组织成员的意见。

参与这三次会的人是不同的，会议形式和起到的作用也不一样。对于这"三会"，我觉得最大作用是向村里的这三类人征求了意见、凝聚了共识、统一了思想、聚拢了人心。

"三看"是省内和省外的三次考察学习，"三试"是上面已经讲过的我们村集体对土地流转的三次试验。

在"三会、三看"基础上，所谓"三核"需要"核"什么呢？一是"核准"土地流转面积。之前，我们村的核准面积是2458亩，而这次是2700亩。二是"核准"农业收入。2017年，我们村的农业年均收入是217万元，2020年，我们村的集体收入达到1700多万元。三是"核准"2017年村土地的亩产均净收入，结果发现亩产总收入仅有200元左右。

当时农田流转给大户的租金普遍也是200元左右。现在呢，通过我们的大联合创新探索，村民集中到村集体经济组织的租金则是每亩360多元。而且村集体经济组织效益好时，我们会再给村民做一次分红。

2018年是村域土地由村集体流转给村集体经济组织的第一年，且实现了超70%的村民同意流转。这个同意流转的比例到了2019年，基本就达到了百分百。在2019年，村民除了租金，还获得了柳抱丝合作社的20%的分红。加上分红的收入，每亩总收入基本达到了400元，村民总收入比原来翻了一番。

在对村域资源进行"核准"过程中，我们意识到水站、水渠、水库、水塘、交通道路等，都是我们村的集体资产。之前，我们的丘陵山地都荒废了，一部分已经以一个很低的价格租给了一家种油茶的公司。现在，我们通过清产核资、折股量化的一系列核准，包括上级支持的项目资金、扶持资金及其他资金等，全部都折合成了股金，入股村集体经济组织。

通过这样一番资源资产的入股操作，村民和村集体经济组织柳抱丝合作社的股权关系清楚明晰了，接下来才能以柳抱丝合作社的名义，去建立村集体经济组织与各种农民专业合作社的股权关系。

为了协助各介入市场服务主体更好的经营，我们充分发挥党建引领作用，采取了在生产线上插红旗的办法，同时还向占股合作社和公司派驻具有一定生产管理经验且靠得住的党代表，进驻到他们的组织里面，参与生产、经营和管理。

这是一套用治理来协同运营的操作办法。另外，为了管住资金，柳抱丝合作社和联营公司的财务，设立了一个共同管理账号，收支由双方都认可的会计来记录。至于日常经营，主要还是靠大股东或公司老板来管理。

除了上面讲到的"三会、三看、三试、三核"，在生产管理上，我们还有一套"四统三定一奖"的办法。统一提供土地、统一规划布局、统一财务结算、统一品种品牌，这是"四统"；定额用工、定额用料、定额完成，这是"三定"；最后的"一奖"是对超产部分给予一定的奖励。

在探索的前期，我们村基本上没有获得太多政策支持，更没有帮扶单位，附近的村庄也没有敢干这种事情的人。当时我无所顾忌，觉得就应该这样干，也只有这样干才能使村庄得到发展。

总的来说，一路发展到今天，我们是非常不容易的。2018年下半年，我们所在的乡党委书记张翌见我们做得好，有了信心，就给我们提供了不少帮助。后来，我们六安市的组织部门、农业农村部门等相关部门陆陆续续也给予了我们一些支持。

笔　者： 在四五年的摸索中，你们的"大联合"遇到过哪些让人记忆深刻的事情呢？

张务清： 我们发展大联合的第一个难题是当时的市场环境很不好。大包干后，村民的发展主要靠家庭自治，与村集体在经济上的联系基本是断的。特别是取消农业税后，村民只有有事了才会找村"两委"，其他时间，村"两委"和村民之间由于没有经济利益的链接，平时是很少联系的。因此，当时我们做这个事情是冒着巨大风险的，因为没人敢干，都怕担责。

第二个难题是人才发展的困惑。我认为的乡村发展人才是那些实实在在去做事和能做事的人。现实中，对于选派下乡的干部，我是有话想说的。为什么呢？因为好些选派下来的干部干上一段时间，还没有搞懂什么是"一懂两爱"，过渡一段时间就调走离开了。

当年人民公社时候下来的干部，都是拖家带口下来的，跟着生产队一起干。他们是真干事啊。干不好，他也回不去。如今呢，不少基层干部做的多数是迎检之类的工作，主要是务虚的多。该做的事做得不够，不该做的事却做了很多。

即便是现在，我们村的发展也是严重缺少人才的，技术人才更缺。今年（2021年）我们村的螃蟹养殖合作社就做亏了。尽管市场行情不错，但是我们的技术不过关啊，养殖过程中我们的螃蟹死了不少。我们也尝试着邀请了一些技术人员，但问题始终没有得到有效的解决。

第三个难题是如何拿出更多时间和精力，从而去做好我们村的产业综合发展工作。现在的行政类工作太多了，应急性工作太多，使得我几乎没得时间谋划发展经济的事情。疫情防控、安全排查、人居环境等，我们这些基层干部哪有精力去发展经济啊！

第四个难题体现在农业方面。现在虽然有了一定的政策补贴，但用在壮大集体经济上的并不多。我认为要把这些资金补贴给实实在在种植粮食的人，要把资金向集体经济组织倾斜。现在的问题是政策资金压根没有用到刀刃上，没有用到实处。

截至目前（2022年年初），在发展合作社过程中，我们村获得了大约450万元的国家财政补贴。尽管如此，这条振兴之路走起来，我觉得依然是十分艰辛的。

黄　刚：我是黄墩村的现任党支部书记，我一直认为乡村振兴最需要的是人才振兴。现在的问题是人才都外流了，平时遇到事想在村里找个年轻人搭把手，基本都是找不到的。实现乡村振兴，最需要的，就是有魄力、有勇气，敢于探索的乡土人才。严重缺乡土人才，是目前我们村发展集体经济面临的最大问题。有好的产品，然而我们却卖不上好价钱，对此我们十分头疼。在这里我代表村上真诚希望你们专家也能多帮我们宣传一下。另外，技术方面也是我们的薄弱环节；还有资金方面的不足，也是我们现实中常遇到的棘手事。

推行"大联合"，困难肯定不少。其中最难啃的骨头，是能不能和如何把一家一户的农田流转到村集体，搞联合经营。尽管这件事最难，但通过发动群众、组织群众，通过各种动员和协商，最后我们用了8个月的时间，还是把这件最难做的事做成了。

3. 你行，村民才会跟着干

笔　者：把资源联合起来，同时还能活化好，在这个过程中村民的态度主要有哪些改变？另外，这件事你们能做成，周边的村庄也能这样做吗？

张务清：把资源联合起来活化，当时村民的态度还是积极的，大家的认可度也是很高的。为什么能如此呢？因为把资源集中起来以后，方便了农业生产的机械化作业，最主要的是村民的收入还增加了。在这方面，村民的眼睛是雪亮的。同时，这也说明我们的这种做法是符合生产力发展需要的。

当我们把村民的土地通过"大联合"的方式再次聚集到一起后，村里的农业社会化服务成本，每亩农地就一下子节省了150元左右。而且通过与不同合作社及公司的联合，我们的农产品销售收入明显比农民自己种的要高一些。这样里外算下来，农业生产的规模化经营优势是不言而喻的。

在资源联合过程中，一直有38户村民没有参与流转。不过看到其他村民通过这种方式，不仅省了心，而且还获了利，于是这38户村民后来也陆陆续续把土地基本都流转给了柳抱丝合作社。因此，我认为这是一条小农户有机衔接农业现代化的有效道路，也是壮大农村集体经济的一条可行之路，是十分复杂的过程，值得推广。

当然，您也问到了，既然那么好，我们周边的村为什么目前还没有跟着这么做的呢？其实原因也非常简单，因为干这个事情不仅要有能力，还要有担当，是要下很大决心才可能去干的事。这件事能不能干成，能不能落得了地，村"两委"和村骨干非常重要。

当时我是柳抱丝合作社的法人，那时候粮食种植十分缺钱，村民租金要给，农业生产要继续。最后，我是通过质押贷款的方式，从银行贷出了300万元。所以做这件事特别需要有担当精神，要义无反顾地坚持下来。

你问我，别的村也这么干行不行。我认为，关键还要看村上有没有敢于担当和坚持做这件事的带头人。另外，对于这件事，如果大多数村民都支持，做起来自然就容易很多；如果全体村民一半多反对，那么这事做起来就要难很多。

4. 形势严峻，倒逼改革

笔　者：您觉得黄墩村的"大联合"振兴之路，是村集体带头人通过学习自己悟出来的，还是被现实的发展障碍倒逼出来的呢？

赵思伟：对于这个问题，我觉得这两个方面的原因都有，但更多还是被现实倒逼出来的。

黄墩村是1981年秋完成了家庭联产承包责任制改革，自此以后就基本上形成了以农户"分散"经营为主，各自为政的家庭生产经营局面，村集体经济组织失去了"统合"的功能。

"有分无统"是黄墩村家庭联产承包责任制改革后的村集体经济发展现状。村里的农田、山场等村集体资源资产基本全部都分给了村民。由于生产要素散了，于是人心也随之渐渐散了，再没人关心与村集体经济组织相关的事。而所谓村集体经济组织，从那时起就渐渐成了有名无实的泛称。

到了2017年时，黄墩村的年轻人已经有80%以上不愿也不会种地了，外出务工和经商成了他们的第一选择。而留在村里的老人，好多已经种不了地。在此之前，黄墩村已连续多年只种一季水稻，冬小麦已不再种植。村上也基本上没有什么二三产业。留守的村民和贫困户，只能守着几亩薄田辛苦度日。

面对这种情况，时任黄墩村村支书的张务清心里很着急。如果这种情况再不改变，在不远的将来，黄墩村极有可能成为空心村了。是在等待中看着村子消亡，还是带领村民为村庄的发展做些什么，对于这两条路，他必须选择一条。

而村庄要想发展，就必须首先破解分田单干后"有分无统、地散心散"的问题。怎么破解？必须把村集体经济组织"找回来"，把符合社会主义市场经济性质的村集体经济组织重新再建立起来，把村域内的生产要素组织起来。唯有如此，黄墩村才能摆脱毫无发展生机与动力的颓败局面。

想要带领黄墩村谋发展，这是一件不得不去做的事。因此，很大程度上确实是被倒逼出来的。

笔　　者：黄墩村柳抱丝合作社内部构成是怎样的？

赵思伟：柳抱丝合作社是六安市金安区柳抱丝种养殖专业合作社的简称，这是黄墩村带有村集体经济组织属性的合作社，是集体经济组织的组织和统一经营的载体。柳抱丝合作社的理事会和监事会成员，主要由村"两委"成员兼任，是推行村级初步"大联合"运行机制的综合服务平台。在这个平台上，设置了农业人口股，每人可认购 1 份，每份 500 元。种养殖业股是按照 2017 年本村从事农业生产收入的标准进行的等额购买。而关于闲置资金股，只有本村村民可以认股，且其中规定：村民个人持股，最多不能超过 5 万元。土地流转股是村民流转土地的折价入股。而集体资产股则是对以村集体土地、房屋、水电设施、道路等经营性资源资产进行的作价入股。

2017 年年底，黄墩村村民委员会代表村集体经济组织，将归村集体经济组织所有的 180 亩林场、100 亩茶园、100 亩河滩地、70 亩水面等固定资产折股量化了 300 万元，并作为"集体资产股"入股到了柳抱丝合作社。

也是在这一年，黄墩村在村党支部的号召下，动员了 11 个在任和离任的村组干部，以每人 5 万元的资金将 55 万元入股到柳抱丝合作社。有了村内党员干部的带头示范，之后全村有 521 户村民将总计 2700 亩的农地也入股到柳抱丝合作社，参股率超过了 70%。

截至 2021 年 12 月 30 日，黄墩村共有 546 户村民将总计 3150 亩的农田折股到了柳抱丝合作社，参股率超过了 91%。

5. 集体化属性，市场化发展

笔　　者：在发展过程中，柳抱丝合作社的集体经济属性主要体现在哪些方面呢？

赵思伟：壮大农村集体经济组织的机制是黄墩村能够将分散的人心和资源要素组织起来、统一起来、联合起来的保障。黄墩村探索出的"大联合"振兴之路，属于新时代中国特色社会主义新型农村集体经济的创新实践。

黄墩村依托柳抱丝合作社的"大联合"：一是集体机制，二是市场机制。其中，柳抱丝合作社的集体属性，主要体现在五个方面：

第一，柳抱丝合作社是村党组织领办的，是以村集体和本村入股村民的共同名义申请成立的。柳抱丝合作社的启动资源和资金，要么是归村集体经济组织，要么属于入股村民。

第二，黄墩村的村集体经济组织是柳抱丝合作社的最大股东，柳抱丝合作社的收益多数归黄墩村集体经济组织所有，并由其来支配。

第三，柳抱丝合作社的收益，需要拿出10%的比例和以公益金的形式给到村集体经济组织，用以支持黄墩村公益事业的发展。

第四，柳抱丝合作社在收益较多的时候，会从收益中拿出一定比例的资金，给户籍在村上的全体村民发放分红。也就是说，即便村民没有把田地或者资金入股合作社，只要他是村集体经济组织成员，也可以获得一定数额的收益分红。例如在2020年时，黄墩村集体经济组织就给村上的每个村民发放了50元现金和70元提货券，每人共计120元的分红。

第五，柳抱丝合作社及其参股合营的公司，会优先为本村村民、贫困户提供就业岗位。

通过这五个方面的阐述，相信大家也就能理解，为什么说柳抱丝合作社不同于其他农民合作社社，它已经具有了鲜明的村集体经济属性。

笔　者：黄墩村村集体经济组织的市场化发展道路有何特点？

赵思伟：首先柳抱丝合作社是深知市场经营能力的不足和短板的。为了更好地取长补短，柳抱丝合作社在村支书张务清的带领下，采取了与懂市场和有市场经营能力的新型农业经营主体联合经营的办法。双方按照合同，进行分工与协作。那么具体而言，双方是如何进行分工与协作的呢？

其一，柳抱丝合作社主要负责合营企业的基础设施建设、公共服务和公益志愿服务，新型农业经营主体负责合营企业的日常管理和市场运营。

其二，作为联合经营的主体，柳抱丝合作社会派出党员代表参与到合营企业的日常管理，并对联合企业的日常运作进行监督。

其三，柳抱丝合作社充分发挥自己的集体经济组织的优势，积极整合政府项目和社会资源，使其参与到合营企业的产品和服务营销之中，从而有力支持了新型农业经营主体生产发展和市场经营。

截至2021年年底，黄墩村依托柳抱丝合作社，不仅组建了7家公司和一个农机合作社，还与临近的三个村建立了合作关系，带动和引导了三个村的190万元入股到了黄墩村，初步实现了村与村之间的联合。

6. 初级"大联合"带来的改变

笔　者：您一直用"大联合"来定义黄墩村的发展创新，你觉得主要取得了哪些发展成果？

赵思伟：经过近五年的发展实践，黄墩村已经发生了翻天覆地的变化。这些变化主要表现在什么地方呢？

一是村里的可耕地抛荒问题已得到了彻底解决。全村所有能耕种的土地，现在已经全部有效地利用了起来。现在，村里每年有500亩以上的土地开始了两季种植，多了一季种小麦和雪里蕻。

二是村庄的农业总收入取得了巨大突破。目前这个数字已接近2000万元，足足增加了约1800万元。2021年的村集体经济组织收入为107万元，而非经营性收入只占了 9 万元；人均农业收入达 1800 多元，比 2017 年增加了 1400 多元。

三是黄墩村建立了自己独特的集体经济组织体系。在黄墩村的集体经济组织体系中，目前从事一产的有 5 家、从事二产的有 2 家、从事三产的有 3 家，已初步实现了村集体经济的一二三产联动融合发展。

通过改革创新，目前黄墩村每年可创造 100 多个固定就业岗位。其中，仅为贫困户提供的就业岗位就有 40 多个。在稻谷收割、烘干和加工时，在油茶果收获的季节，黄墩村每天能够为周边村民创造 1000 多个就业岗位。

笔　者：围绕黄墩村的主粮生产和村集体经济组织的发展，您觉得有哪些经营之道？

赵思伟：黄墩村主要以水稻种植为主，一直围绕水稻做专业化生产。在产前，主要由黄粮畈生态种植公司统一品种，提出种植方案；产中主要由大黄墩农机服务专业合作社为经营主体提供"四统一"全程托管服务，即统一机耕、统一机播、统一机防、统一机收；产后则由柳抱丝粮油开发公司以订单方式提供粮食仓储烘干服务，由六安山地电子商务公司提供农产品的线上销售服务。

为破解小农户有机衔接农业现代化发展难题，黄墩村已初步实现了全程标准化服务，形成了集水稻生产、收割、烘干、销售为一体的产销服务链条。如此一来，不仅增加了该村的农产品市场附加值，还推动其不断形成了自我的农业品牌。

为了确保服务质量，并打造可持续且精益求精的运营机制，黄墩村还采取了一套"四化管理"的保障措施体系，即作业的标准化、服务的规范化、管理的统一化、生产的科技化。

在作业标准化方面，黄墩村先后邀请区和乡的农业职能部门的相关专家，分别制定《耕翻整地作业标准》《播种施肥作业标准》《病虫草防治作业标准》和《粮食收割作业标准》等标准规范。有了这样一套标准化手册，既便于农机手与植保防护人员的操作执行，也方便了农户和相关人员的监督与管理。

在服务规范化方面，黄墩村与服务对象签订了一份规范的合同。合同中，对服务主体的服务程序、流程执行、协议履行、质量保证等都有明确要求。如此，村民在"自愿加入、退出自由"的前提下，就可以明明白白消费、清清楚楚收益、安安心心托管。

在管理统一化方面，黄墩村针对服务主体还特别制定了一套管理制度，以确保村集体经济组织的统一管理与领导，便于对服务人员在服务过程中出现的质量问题和违约行为，有章可循地予以提醒、警告和退出等处理。

在生产科技化方面，黄墩村一直在大力推广并不断完善良种良法、配方施肥、化学除草、绿色防控、粮食烘干、飞防作业等先进技术和设备的应用措施，进一步提高了黄墩村农业的生产效率，提升了农业科技化的贡献比例。

通过这套管理办法，黄墩村的水稻种植每亩农地减少了30%以上农药用量、20%以上的化肥用量，增加了40%以上的有机肥用量，大大促进了黄墩村生态农业的发展，水稻销售价格平均每公斤提高了0.2元。

（三）大联合——从初级到高级

振兴乡村，若不以壮大农村集体经济为前提，大多数乡村是很难实现真正全面振兴的。针对这一难题，那些处在中西部地区，且远离大城市，处在主粮农业产区的小农户，尤为甚之。将闲置和低效使用村域资源的市场经营权，统一到村集体经济组织，并使之作为一个整体进行生产和经营，是小农户有机衔接农业现代化的关键，也是乡村现代化的一个重要基础。

想要达成这一发展目标，将分散到一家一户的生产资料，甚至部分生活资料集中起来、联合起来，并通过清产核资、身份确认、折股量化等办法，以村集体股份经济合作社的形式，向村集体经济组织聚集，是决定"大联合"能不能迈向联合的前提条件。这是最重要的，也是最难以达成的。同时，也是不得不去做的。

当然，这只是"大联合"的起步阶段，远不是"大联合"的全部内容。在以新型农村集体经济振兴为目标的"大联合"发展道路上，将涉及各方介入和参与到其中的主体，如村"两委"、村集体经济组织、农民合作社、介入其中的各方市场服务主体、市场社会化服务主体、地方政府及职能部门等。在村集体经济组织的领导下，能否将这些力量充分联合起来，将决定"大联合"所处的发展阶段和联合质量。

1. 联合是手段，发展是目的

每一次乡村发展变革都有其特定的历史任务和内在要求。

小岗村分田单干的"大包干"改革示范，一方面解决了农民种粮的生产积极性问题，另一方面也解决了当时国人吃饱饭的问题。解决了吃饭和温饱问题，是小岗村乡村改革的最大历史价值和意义。

从与时俱进的角度讲，继续坚持走"大包干"之路，仅靠留在村里种地能够解决农民的生活富裕问题吗？答案显然是不能的。他们中的很多人，只有通过背井离乡进入城市，成为那里的产业工人，城市发展的第三产业服务者，才是增加他们收入的唯一重要手段。

而值得注意的是，农民进城打工可以，但若想完全融入城市却又是十分艰难和漫长的，需要一两代人，乃至两三代人才能融入城市。

如何来利用自己在村上的生产资料和生活资料，在保障安全的前提下，使其发挥出更大的市场价值，增加更多的分配型收益保障，是发展新型农村集体经济中，从"大包干"思维转型到"大联合"思维的一个客观要求。

从"大包干"转为"大联合"的创新与变革，需要引导乡村发展的生产关系转型、村民思维转变。黄墩村发展所取得的成功，正是基于此的改变，基于人心和资源要素统一作为前提的。

通过生产资料的集约化和经营的集中化，黄墩村全村统一了品种、统一了配方施肥、统一了植保防护，统一了收割技术、统一了品牌、统一了销售。这一系列的统一操作，不仅增加了黄墩村外出务工村民的收入，而且还提高了留守乡村农民的就业率和在地化收入。

因此，资源要素统一联合是"大联合"的前奏和保障。如何将联合起来后的资源要素有效经营起来，并让参与其中的各方市场主体各美其美，形成一个联合经营体系，从而获得比之前更多的生产经营收益，才是"大联合"的重中之重。

2. "大联合"是一套新体系

"大联合"是乡村发展的一个新理念，更是一套新的制度体系。

"大包干"的改革理念是"分"，是将村集体经济组织中能分的资源资产分出去。"大联合"的改革理念是"合"，是通过资源统合，再次把村集体经济组织分出去的生产资料，包括闲置资产和资金，集中到村集体经济组织，通过"合"来调动村集体经济组织在资源集约化和规模化中的主导作用。

黄墩村的村集体经济组织通过"大联合"的改革方式，在本村内部构建了一套现代农业生产与经营的管理制度与服务体系。而在这套制度体系里，黄墩村将村集体经济组织、村民个体、从事新型农业经营的市场主体、地方政府与职能部门等力量，实现了某种意义上的初步联合。

从深层的内在逻辑关系看，黄墩村的"大联合"改革举措，正在自觉与不自觉地将新时代中国特色社会主义集体乡村价值观、政府监管和政策资金支持的行政机制、村集体经济组织要素资源、公平正义的集体机制、乡村产业振兴的生产效率和维护个体财富的市场机制等，充分与有效地联动起来。

在笔者看来，通过"大联合"所构建的这套制度体系，就是一套新型农村集体经济的市场化制度体系。

通过这套制度体系，黄墩村在土地流转经营中，不仅实现了村集体经济组织、农户和市场主体的利益分配，还保障了村域资源的集体所有权、农户承包权和市场经营权的三权分置公平与合理。

正是通过这套体制和机制，黄墩村集体经济组织的两权主体地位不仅得到了强化和提高，而且还通过相关职能部门的赋能，与不同市场主体的联合，实现了产业链的延长、价值链的提升、利益分配机制的完善。

3. "大联合"初步机制的搭建

黄墩村的"大联合"改革目标，是把村庄内部一切可以联合的人、土地、资金、技术等联合了起来。同时，还计划将返乡和下乡的资本、技术也联合起来，从而促进人财物等要素资源与集体人心实现互动与互促。

当前的黄墩村"大联合"发展之路，仅处在联合的初级阶段。只是把村庄的生产资料和人力联合了起来，而在村民资金、返乡与下乡资本技术联合方面，还处在起步阶段，仍有大量的工作要做。

黄墩村的"大联合"探索实践是对"三变改革"的一次深化发展。深化发展的重点是"以变促合"，使村集体经济组织的力量得到进一步强化。加强村集体经济组织的目的，是为了更好地维护乡村发展过程中的公平正义，让多数乃至全体村民的收入获得整体提高。

"三变改革"的重点在于资源变资产、资金变股金、村民变股民，其所指向的是全体村民参与的村集体股份经济合作社的成立与运行。"大联合"的重点是在实现人心与要素向村集体经济组织集中统一后，将运行过程中各方的隶属关系、分配关系的机制与体系搭建起来。

围绕"大联合"推动"三变"，通过"三变"让"大联合"进一步实现有机融合，是黄墩村深化改革试验的最大特点。在黄墩村，这一机制和体系突出表现在以下几点：

一是村"两委"和代行村集经济组织职能的柳抱丝合作社之间，是政经一体、职能分开，还是政社分离、党支部统御？从目前所处的发展阶段看，两者之间更像是在党支部领办下的政社分离，治理的归治理、经济的归经济，既泾渭分明，又相互支持与协同。

二是黄墩村柳抱丝合作社和各种介入其中的新型农业经营主体之间是一种什么关系呢？柳抱丝合作社的做法是：在坚持不参与市场运营的前提下，以资源作价入股，并以治理协同、运行监管、关系协调的方式参与其中。

三是目前的黄墩村"大联合"发展之路，初步解决了村民与村集体经济组织之间的利益分配关系、村集体经济组织和介入其中的各种新型农业经营主体之间的合作与分配关系，还有村集体经济组织获得收益后如何用于黄墩村的村庄发展与村民福利的关系。

4."大联合"的力量与能量

唯有联合起来，资源的市场化效益才能倍增，才能壮大集体经济，村民才能更好地利用集体经济组织成员资格获取更多的收入保障，从而实现更美好的生活。

只有联合起来，力量才会变得强大。什么力量呢？村庄集体经济发展的道路探索力量，集体经济组织总揽平衡各方利益的创造性力量，村集体通过强化经营和提升专业的市场创富力量，获得收益后如何兼顾公私、确保分配公平的平衡力量。

当然，随着集体经济组织力量的不断壮大，还可以充分利用专家学者归纳提升的理念赋能力量，引入能够降低成本和提高经营的市场主体力量，吸引地方政策和资金倾斜的支持力量等。

以上内容是整个"大联合"获得成功后，可以延伸和被赋能的力量的总和。就"大联合"本身而言，因其所处发展阶段的不同，而只能产生与其阶段相对应的联合力量。

从所拥有力量的级别不同来分类，"大联合"可分为三个不同层级的发展阶段：如果只是实现了村域内部集体经济组织成员的联合，我们可将其称为"大联合"的初级联合阶段；如果已经实现了村、乡和镇，乃至村（社区）乡（镇）县的某种意义上的联合，我们可将其称为"大联合"的中等发展阶段；如果已经实现了村集体与市场的各种不同形式的联合，我们可将其称为"大联合"的高级联合阶段。

内部联合是"大联合"的深度，上下联合是"大联合"的高度，内外联合是"大联合"的广度。兼有深度、高度、广度的多层级和多维度的联合,才是"大联合"的全貌。同时,也是发展乡村"大联合"不断向前的目标与方向。

5. 高质量"大联合"的发展要求

高质量"大联合"是在实现了"内部联合起来、上下联合起来、内外联合起来"的基础上,向"大联合"的可持续与长效发展机制进一步探索与提升的新方向和新目标。高质量的"大联合"是普通村落以村集体组织为载体,实现组织成员共同富裕的一个总抓手。

为了实现这样的发展目标,高质量"大联合"应围绕以下几个方面,进行符合自身发展实际和因地精准施策不断自我提高。

第一个目标:要通过村域产业发展规划,构建资源价值的市场化品种分类,不断提高村域资源市场化利用的价值最大化。

第二个目标:在价值利用最大的基础上,兼顾村农户个体、村集体、介入各方市场主体的收益公平,从而不断实现村发展公私关系利用平衡化。

第三个目标:持续加强村庄经济和社会的治理能力和水平,不断改善村庄基础设施和公共服务配套,以及家风、民风、村风的乡风文明程度,从而使治理机制的方法实现系统化。

第四个目标:深化集体经济组织能力建设和经营管理型人才队伍建设,不断提升村集体经济组织的市场能力不足短板,强化村集体的市场经营能力专业化。

第五个目标:通过机制与体系建设,提高村集体自身的防风险能力,并在此基础上,确保村集体收益分配与集体成员福利保障的常态化。

第六个目标:加强人才培养与人才引进的制度化建设,千方百计保持发展势头的稳定，从而确保高质量大联合的不断深入与可持续化。

以上这六个目标，就是希望通过发展高质量"大联合"，实现乡村的全面振兴。同时，也是安徽财经大学中国乡村（小岗）振兴研究院团队进一步协同与服务黄墩村，以及对黄墩村持续推进"大联合"向更高阶段发展的目标与方向的总指引。

三 整村运营

四川省成都市郫都区青杠树村

对话·蒋宜芝 雷艳

　　蒋宜芝，2009年从企业咨询管理转行到乡村工作，服务乡村近13年，致力于"整村运营"理念实践。现为四川愿乡三农科技服务有限公司总经理、四川迈高旅游资源开发有限公司技术总监、愿乡研究院副院长、战旗乡村振兴学校特聘专家、中房协合作建房委员会副主任委员、永定河流域产业联盟专家、海南省特色小镇评审委员专家。曾将愿乡公司的"整村运营"理念成功运用于成都市青杠树村和战旗村及雅安市骑龙村等多个乡村振兴项目。

　　雷艳，专注于服务乡村发展工作20余年，曾代表愿乡公司担任青杠树村管理服务平台—四川香草湖景区管理有限公司总经理，现为四川花样战旗景区管理公司负责人，四川愿乡三农科技服务有限公司运营部大区经理。

2020年，青杠树村共接待游客340万人次，实现旅游收入1.5亿元、集体经济收入360余万元。村集体经济组织拥有集体资产8014万元，村民人均可支配收入31054元。在疫情的重压下，仍实现了10.5%的年增长率。

相比十年前的青杠树村，能取得今天的发展成绩，这是青杠树村老村民不敢想象的事情。那时的青杠树村还很闭塞，是全县（现为郫都区）最贫穷和落后的村庄之一，交通十分不便，进村只能穿过一个桥洞。

破落的房屋，泥泞的道路，以农为生的生存状态，除了走出去一条路之外，若想仅靠留守在村里的人，这个村几乎再没有别的更好的发展出路。2012年，在被纳入成都社会主义新农村建设名单之后，在政府和市场的共同推动之下，青杠树村迎来了快速发展的三级跳跃。

（一）从建设到运营的三级跳

青杠树村位于成都西南方向，距离中心城区约17公里，村域面积2.4平方公里，有11个村民小组，932户，2251人。通过新农村和美丽乡村建设，2012—2013年，围绕土地整理和新居安置，仅用了一年时间，青杠树村便发生了翻天覆地的变化。

在整件事落地的过程中，有三个核心问题必须面对和解决：一是腾退安置的钱从哪儿来，二是新村怎么建，三是农民的思想工作如何做。这三件事解决不好，不能妥善处理，青杠树的新农村建设工作将举步维艰。

当时整体测算，大的配套资金约需 3000 万元，新居建设投入约需 1.37 亿元。这笔钱从哪儿来？如果要筹集资金，唯一可行的办法则是通过土地集约集中整理，将节约出来的村集体经营性建设用地，通过入市交易的方式，用土地交易获得发展资金，并偿还从银行抵押贷款的新居建设资金。

"新村怎么建"是个大难题。不是穿衣戴帽和刷墙铺路的表面美化问题，也不是把村庄装扮得更有乡愁味。这是一个必须立足当下和面向未来，且没有任何经验可借鉴，还要突显以村民为幸福主体的前瞻性问题。

"小组微生"是青杠树村新村营建的指导方针，也是成都乡村建设的实践名片。而所谓"小组微生"就是在新村营建过程中，根据成都川西林盘的村庄分布特点，遵循"小规模聚居、组团式布局、微田园风光、生态化建设"的要求。

不到一年的时间，青杠树村便形成了九个新聚集点，建成了 9.7 万平方米的新居，参与户达到 906 户，约占总户数的 97.2%。至于农户的参与程度为什么这么高，应主要归功于落地过程中，充分秉持了"统一思想、农户自愿、成熟一片、整理一片"的原则。

1. 从建新居到发展乡村旅游

"紧凑型、低楼层、川西式"的特色新居，各聚集点之间自然有机的空间布局，生态宜居的新村风貌和微田园风光，在保护中发展出来的更加生态化的新川西林盘……

应该说，青杠树村用"小组微生"的方式建设新居和营建新村，本身就包含着乡村产业发展的兴旺基因。在新村营建过程中，村集体不仅成立了村资产管理公司，还将村集体经济组织成员的林田土地承包经营权流转和集中到了村集体股份经济合作社。

在这个过程中，村集体经济组织和政府约定，以每年700斤大米和700斤小麦的补偿标准，每年每亩农地补偿农民流转费约2100元。

房子建好了，环境改善了，接下来如何让村民致富增收就成了关键和重点。利用美丽的新居，亮眼的大田景观，已投入运营的开心农场，还有政府和村集体经济组织共同举办的踏青节，青杠树村吸引了很多成都市民到此采摘、休闲、赏油菜花。

为了实现培育产业、富裕村民的发展目标，经过多方集思广益，青杠树村的乡村运营有了一个大致发展的方向，即先把整个村域当作一个景区来打造，以"水乡慢生活"为主题吸引游客。

从具体操作讲，则需要从以下三个问题来切入：一是如何利用集约来的经营性建设用地吸引乡村产业高端项目，二是如何利用村民自家新居发展农家乐，三是如何引导村民利用新居空余房屋发展乡村酒店住宿。

想法很好，思路很对，然而具体的事如何做，谁来做呢？2014—2015年，由于各方市场主体缺少整体的把控和相互联动，使得商家和商家之间、农户和农户之间，形成了一种无序竞争的局面，青杠树村亟待升级和破局。

2. 引入市场主体，成立运营平台

尽管三级跳的第三跳，步子慢了一年多。然而，在2015年，愿乡公司旗下的四川迈高旅游资源开发有限公司和青杠树村资产管理有限公司共同成立的整村运营平台公司——四川香草湖旅游景区管理有限公司，及时

补上了青杠树村迈向更高发展速度的最大短板。

香草湖运营平台公司作为一家完全市场化的运营主体，不仅规范了运营秩序，有效解决了村集体利用自身资源资产进行市场化的能力不足的短板，还通过村资产性收益和经营性收益的合理分配制度与机制设计，确保了村集体经济组织和村民收益，规避了村庄资产经营的市场风险。

市场主体与村集体经济组织如何围绕"运营与治理"构建一套进行相互协同的合作机制、利益分配机制？对介入到青杠树村发展的各方不同市场主体，如何构建一套合作共赢、利益共享的管理机制？作为一家村镇产业运营管理服务商，愿乡公司以青杠树村为整村运营实践起点，一直在探索并不断完善这套运营与服务方案。

通过协同治理机制，让青杠树村的社会经济发展获得提升；通过市场对价机制，使青杠树村治理主体的治理能力获得提升。这是愿乡公司服务村镇过程中，依托香草湖运营平台，充分体现以村民为主体，并使双方实现合作共赢的基础。

经过近6年的整村运营和产业发展服务，现在的青杠树村不仅荣获了如中国十大美丽乡村、全国乡村振兴示范基地，而且还于2017年成功创建了国家AAAA级旅游景区。

截至2021年年底，青杠树村有农家乐106家，招引重大文旅项目6个，引入儿童充气城堡、亲子萌宠、真人CS、乡村研学基地、蜀绣文化体验馆、亲子嘉年华、农耕文化体验基地等多项乡村休闲文旅项目。

（二）协同合作，利益共享

青杠树村实现整村运营的关键，是有了愿乡公司这个市场服务主体的参与。围绕以一种什么身份去做运营，去运营什么，为谁去做运营等问题，这两个主体之间，探索出了一种治理与运营的"双协同"合作关系。而比这个更重要的，是两者之间通过"双协同"，还构建起了一套在获得收益后，农村集体经济组织与市场服务主体该如何进行收益分配，以及农村集体经济组织内部间的分配机制体系。各就其位、各得所需，各美其美、美美与共。这是愿乡公司在与青杠树村进行整村运营实践探索的重点所在。

1. 钱从哪里来，新居怎么建？

笔　者：在青杠树村的土地综合整治和建新村过程中，实现了哪些探索性的创新和突破呢？

雷　艳：土地整治关乎村民根本利益，是一件非常严肃的事情，必须要有底线思维，那些越雷池的事坚决不能干。具体来说，就要守住三条底线。第一条底线是要坚持土地农民集体所有，性质不能变；第二条底线是耕地红线，农田必须农用，用途不能变；第三条底线是要千方百计保护好村民的基本权益，核心受益主体不能变。

在坚持这三条底线的前提下，青杠树村通过土地整治，将零星、分散、闲置的村集体建设用地以集中集约和复垦的方式，大约腾退整理出了500亩建设用地。其中有210多亩地优先用于新居建设和基础设施配套，剩余的260多亩地是村集体经营性建设用地，主要用于优质商业和产业招引。

在这个过程中，青杠树村的创新突破主要体现在五个方面：一是破解了资源变资本的问题，二是破解了农村建设无序的问题，三是破解了新村建设思想瓶颈的问题，四是破解了村集体和村民持续增收的问题，五是破解了村民为主体的基层治理难题。同时，也通过一元多核的村民自治方式，基本实现了村民办事不出村。

笔　者：资源腾退建新居是一个大工程，涉及老房子的拆迁、新房子的建设、基础公共配套的修建、土地的复垦、村落风貌和环境的改善等。做这些事的资金从哪里来？

雷　艳：资金的来源主要有三条途径：一是县域财政基础公共配套的钱。最初有 2200 多万元，后续还增加了一些。二是依托村资产管理公司，在政府以信用背书的方式，从农商银行贷出了 6800 万元。三是用村集体经营性建设用地，通过产业招引的方式，从社会上获得了 7300 万元。

这 7300 万元的筹集，可以将其总结为招商预流转的方式。也就是利用村上节余出的不到 300 亩的村集体经营性建设用地，村域根据整体产业发展需要，将那些地划分出了大小不同的可入市交易的资源标的产品。对那些看好青杠树村未来发展前景的工商企业，可以通过先缴纳一半自己所相中的那块资源标的诚意金的方式，获得那块土地的产业经营开发权。如果在正式的挂牌交易中，对方没有最终拍得那块土地，村资产管理公司会连带诚意金的利息，一起退还给企业。

笔　者："资源整理建新居"是对村落风貌的一次大的布局调整，说说其中的"小组微生"是怎样的一个亮点？

雷　艳：做这件事必须遵循的一个原则，就是要以村民为主体，政府来引导，通过市场化的方式来运作。其中的政府引导主要分四个方面：一是规划管控，二是用途管制，三是行政许可，四是政策指引。我们要先把这些必须遵循的原则处理好。

其实，我觉得"小组微生"也是根据四川川西林盘的村落布局特点，进行的一次以传承为底色的升级。建好后的新村生态优美、配套完善、产村相融。

"小组微生"的"小"主要是指集聚的规模小，一般是一两个小组一个集聚点。一个聚集点内平均有100户左右，房屋户型大小会根据不同家庭情况进行统一设计。"组"主要是指"组团式"，即一个村由分布在村域内的几个集聚点组团而成。这个不像北方的一些村庄，生活空间是生活空间，生产空间是生产空间，我们的一个小组集聚点类似一个自然村的概念。"微"是指"微田园"，整个村是一个大的生态田园，不同的集聚点可以在自家房前屋后搞庭院经济，因时因地种点水果和经济作物，形成自家的小果园、小菜园。"生"是指"生态化"，即在充分尊重和利用原有的生态资源前提下，营造出新村的原始乡土味。

笔　者：每家每户的农田、院落和房屋面积大小都是参差不齐的，在新居建好后，房子的分配原则和标准是怎样的呢？

雷　艳：这是一个关于占地、补偿和分房的关键性问题。对于建新居占用农地的部分，所涉及农户的宅基地并不多。具体补偿方式有三种：

第一种是占谁家的补谁家的，具体是扣除安置面积后，按农地流转价格一次性支付40年流转使用权费。复垦为农地的承包经营权仍归原农户。

第二种方式叫作权属调整，也可以叫作调田。复垦的农用地归村集体经济组织，同时按照对应面积的大小发包给被占地农户。

第三种方式叫作股份量化，农户被占农地部分给予相应的股份，不再给予经济补偿，农户可持股参与二次分配。

在整个拆旧安置中，主要分两种情况：一是户籍关系在青杠树村的，二是户籍不在青杠树村的。户籍关系在村的农户可以在统规统建和统规自建两种方式中选择一种。统建以140平方米为界限给予相应补贴，自建以170平方米为分界给予相应补贴。

统规自建的农户，可每人享受3万元的建房补贴。统规统建的农户，可享受每人35平方米的住房面积及每人5000元奖励，每人3平方米经营性用房面积。安置期间的过渡费，每人每月 160 元。安置点内需搬迁的坟墓，按每座坟地 400 元给予补贴。至于参与统规统建农户的房分到哪儿，青杠树村有一套自己的房屋抽签方案。

2. 经营好一个村，统一管理是关键

笔　者：青杠树村的乡村旅游是如何做到统一管理的？

雷　艳：2014 年，在政府的牵头下，青杠树村举办了一个踏青节活动。后来，来玩的人慢慢多了起来，有了一些市场名气。其实在 2013 年村民分新居的时候，我们就与当地政府和村集体沟通了如何做闲置资源活化和做整村运营的事。

那会不少农户分了好几套房，我们当时还统计过，一些集中居住片区闲置的房子就有五六十套。当时建议政府把那些房屋的市场经营权集中委托给村集体经济组织，然后再由村集体经济组织委托给我们去做产业招引、统一经营。由于担心业主和商户发生矛盾，再加之村民自行经营农家乐的心气很高，这件事就没有谈成。

就这样，作为一个没有统一管理的村级农家乐，青杠树村在后面的家庭型自主经营中就陆陆续续暴露出了不少问题，如屋外乱搭私建、餐余垃圾乱倒、相互竞价拉客等。简单地说，就是开始出现了一些经营无序的苗头。

为此，村上也尝试招引了一个负责村庄规范管理运营和产业活化的职业经理人。后来试行了一段时间后发现，对方除了利用职务之便，弄了一块自己的产业，干自己的事外，村上其他的经营问题，他基本是不怎么上心的。

经过一年多的经营发展，到了 2015 年，村干部就把我们请了过去，

商议如何在当时的情况下，启动我们愿乡公司最初构想的"治理和运营"双协同的整村运营模式。

客观地说，那个时候再做整村运营，已经失去了最佳时机。因为那时，村上可运营的事项及运营过程中的阻力，相对要大很多。

笔　者：愿乡公司的香草湖运营平台，正在运营的事项和能够提供的运营服务内容主要有哪些？

雷　艳：这个运营平台主要分两个部分：一个是资产运营，另一个是日常经营管理的运营。资产性的运营主要包括活动策划、营销推广、产业招引等；日常经营管理方面主要有商业管理、物业管理、培训接待等。同时，协助村集体强化治理也是一项重要的任务。

具体来说，青杠树村在运营管理方面，主要以香草湖运营平台为主体的服务事项有停车场、小木屋、花车、观光电瓶车、爱尼动物园、香草湖草莓、游览自行车、讲解接待等。在做整村运营过程中，我们始终秉持治理运营双协同的原则，整个运营平台虽然只有五六个人，但基本可以实现对整个村域的运营管理。

笔　者：关于青杠树村集体经营性建设用地入市交易的实例，是很多到成都考察学习的朋友最关心的，能否举例说明？在资源整合过程中，所筹得的那笔交易资金，具体是如何管理和使用的呢？

雷　艳：关于青杠树村集体经营性建设用地入市交易的实例，我举青杠树村运营平台的例子吧。

2016年7月28日，青杠树村以每亩地60万元的挂牌起始价，共计97.48亩，出让了四宗村集体经营性建设用地。获得这几块使用权的中标方是成都慢生活休闲文化产业有限公司。

当时的成交价格是5848.8万元。其中还包含了24%的土地增值收益调节金，为1403.712万元。四川第一宗位于郫都区战旗村的集体经营性建设用地，就是愿乡公司于 2015 年拍得的。而该宗地的成功交易，也成为乡村建设用地入市推动农业新兴业态发展的典型。

至于新村营建中的资金管理，若全面展开说，可能是一个非常复杂的问题。我只能简单说一下。

青杠树村的整治资金，据说是由村集体资产管理公司、三道堰镇政府，还有郫都区的一家公司，在银行开设了一个共管账户，是一种三方共管的机制。这样就可以确保每笔资金的专款专用。

3. 村内的四级利益分配机制

笔　者：整村运营是青杠树村发展中的一个亮点，青杠树村的整村运营到底是谁在运营，运营主体和村集体经济组织之间到底是一种怎样的责权利关系？

蒋宜芝：具体负责青杠树村整村运营的，是香草湖运营平台公司。我们部门的雷艳曾在那个平台任总经理，有三四年时间。后来被调到了愿乡公司总部，目前是愿乡公司运营部的负责人。

我在愿乡公司工作有 12 年了，知道愿乡公司和青杠树村的渊源很深。这家平台公司是愿乡公司和青杠树村资产管理有限公司共同成立的，其中愿乡公司占股 51%，具体负责市场化管理和运营；村资产公司占股 49%，只参与盈利分红，不参与具体运营的工作。不过，村集体经济组织可以用协同的方式参与运营，从而提升平台的运营质量和效率。

需要说明的是，青杠树村的整村运营并不是一个完整的愿乡公司整村运营案例。为什么这么说呢？这里要强调的是，愿乡公司在青杠树村的整村运营所获得的运营收益主要分两个部分：一是资产性收益，二是经营性收益。目前在经营性收益这方面，青杠树村的整村运营平台做得还算是可以的。不过在资产性收益方面，由于各方面原因，目前可以通过平台运营的村资产在量上比较少，只有约12%。

尽管愿乡公司早在2010年就积累了整体运营三道堰古堰社区惠里商业街的经验，后面也为启动整村运营做了近两年的准备，但在完完整整运营一个整村方面，也是一路曲曲折折。

笔　者：愿乡公司作为一家村镇服务商，在以村民为主体方面，是如何做到尊重村民的主体性的？

蒋宜芝：在愿乡公司的整村运营服务中，围绕村集体和村民收益，有一个核心叫作村内的"四级利益分配机制"。由于村资产只有很少一部分在运营平台上，所以这套四级利益分配机制在青杠树村只是少部分得到了实现。

什么叫村内的"四级利益分配机制"呢？比如说，村上有一块占地5亩的经营性建设用地，平台在对这块地做商业定位和产业招引前，会为村上做一个价格保底。保底价所获得的收入归农户所有，这是第一次分配。

产业招引结束，当那块资源完成了入市交易，对于溢价部分，平台会按照事先与村集体经济组织及农户约定好的分配比例进行收益分配，这是第二次分配，也叫溢价分配。

农户在获得溢价分配后剩余的收益，平台和村集体经济组织再按照约定比例进行第三次分配。这部分收益主要归村集体经济组织。

在对这部分收益的使用方面，村集体可根据村庄发展需要，提留出公积金、公益金、发展金，用于服务村庄和村民的公共服务和福利保障。也就是说，通过第三次分配，村集体便拥有更多服务村民和服务村庄发展的经济基础。

第四次分配主要是运营平台经营性收益的分配。这部分的收入来源主要包括商管、物管、村运营平台自主经营的服务项目，如停车场、游览自行车、观光车等。2020 年，青杠树村的集体经济组织在这方面所获得的收益大约有 200 多万元。

笔　者：做整村运营，其实大家更关心的还是村集体经济组织和村民收入的增加情况。在这方面，你们有没有统计的详细数据？

雷　艳：有的。我以 2012 年为起点来说一组数据吧。村民的收入从 2012 年的 14411 元逐年稳步增长到了 2016 年的 23397 元，增长超 62%。2012 年，村集体收入基本是一分钱也没有，到了 2013 年村集体就有了 5 万元的收入，2014 年村集体收入增长到了 50 万元，2015 年村集体收入是 80 万元，2016 年村集体收入是 120 万元，2020 年村集体收入是 360 万元。

4. 乡村治理体系再升级

笔　者：新的村组空间布局，从村民角度讲，发生了哪些变化？

雷　艳：现在青杠树村村民的居住环境生态宜居，村庄的治理井然有序，闲置资源的利用率特别高。村落风貌、大田景观是大家可以看到的变化，而每个新村集聚点所形成的自我管理机制，一般是不容易被大家察觉到的，是一种看不见却十分有效的治理成果。

村民分了新房后，在当地政府的领导和市场服务主体的协同下，青杠树村在村"两委"的带领下，每个新村的集聚点都成立了院落管理委员会。每个新村的集聚点的村民还通过民主选举的方式，选出了自己的院落长、楼栋长，并制定了符合自己院落特点的管理制度。

至于每个村新集聚点院落的日常管理事务，村民根据自我管理的原则，有事大家一起议、一起定、一起干。比如，新村集聚点的环境卫生整治与维护，响应号召推行垃圾分类，商量着一起共同种菜等。有的新村集聚点的村民，大家还一起自筹资金，建了自己的休闲小广场。

因此，对于新村集聚点的村民来说，大家的公共意识加强了，从原来的旁观者变成了主要参与者和决策者。

笔　者：新村集聚点的村民自我管理能力提升了，整个村集体的自我管理能力如何？

雷　艳：村域的治理分家风、民风、村风三个维度进行治理，家风的自治，也就是各家管好自家。村民小组的自治，放在青杠树村就是那九个新村集聚点实现自我管理。我认为，村民小组自治可以管理好民风，也可以规范村风的治理。

乡村治理是否有效，决定了乡风文明程度的高低。从村域乡村治理的角度看青杠树村，我觉得青杠树村通过坚持院落共治共享的方式，破解了很多之前的乡村治理难题。

比如，为了更好地实现村级组织对村庄的管理，村上专门成立了村级管理队。由于青杠树村是当时三道堰重点的乡村旅游目的地，所以村级管理队由街道综合执法大队统一指导，统筹管理青杠树村的村容村貌、乱搭私建和安全稳定等事务。

为了提高村级组织的治理能力，街道党工委、办事处还为青杠树村"两委"派遣了村务指导员、党建促进员、廉政监督员。他们的主要工作是针对村级重要事务开展联合办公，着力解决村民诉求，提升和加强了党群和干群鱼水情深的和谐关系。

另外，为了进一步提高村里的乡风文明，创造安居乐业的社会环境和建设好青杠树国家 AAAA 级景区，村"两委"带领全体村民经过充分讨论，围绕乡村治理的自治、法治和德治建设，还制定了能促使青杠树村走向更好善治之路的村规民约，即青杠树村的村民公约。

5. 治理与运营的协同关系

笔　者：愿乡公司进驻青杠树村之前，是如何说服村民的？

蒋宜芝：首先需要强调的是，愿乡公司作为一家村镇产业运营管理服务商，从 2010 年后就开始做这件事。关于如何做好村域资源活化的好帮手、合伙人，我们主要围绕需要提供的产品、服务、流程、机制等展开工作。在这之前，我们就已经做了近五年的探索。

2015 年，被镇域领导请来后，围绕如何协同村上做好村域经济发展的工作，愿乡公司确实与村上做了很多次具体的协商沟通。

当时青杠树村已经有了自己的村域资产管理公司，村民农地的市场经营权已经委托流转到了村集体股份经济合作社。这是运营一个整村过程中，非常重要且特别难做的一项工作。

进驻之前，我们为村集体经济组织发展提供的四级利益分配机制，是我们说服村民、能够与村集体建立运营平台的一个关键因素。

其实，在这个四级利益分配机制的下面，还藏着另外一套整村运行逻辑，即愿乡公司和青杠树村的村集体经济组织之间所形成的一套运营与治理双协同关系。我认为这个才是愿乡公司做好整村运营的自信所在，也是我们这么多年来坚持做整村运营的定力所在。

笔　者：在村庄建设过程中，如何破解村域市场能力不足，体现以村民为主的治理和运营之间的关系呢？

蒋宜芝：关于如何做村庄运营，前些年大家很少提，这两年大家越来越重视这一块了，尤其是在浙江政府的文件里，公开向社会招募村庄运营职业经理人。其实在很长的一段时间里，从新农村建设到美丽乡村再到乡村振兴，乡村运营作为乡村建设中的一个分支，其重要性是一点点浮出水面的。

现在，不少人觉得乡村建设和乡村运营需要并驾齐驱，我觉得对一些县域重点示范村，乡村运营还应该再高出乡村建设一个维度。乡村运营是如何挣钱的事，乡村建设更多是如何花钱的事。虽然说乡村建设的钱用好不难，但是能将1元钱花出10元钱的效果却很难。如何利用村庄的资源、环境、乡土文化挣钱，则更难。

在我看来乡村建设是乡村运营的一个重要组成部分，从整村运营的视角看，乡村运营与乡村治理相互影响相互渗透，如何处理好乡村运营和乡村治理之间的关系，才是乡村振兴的关键。

结合青杠树村的运营案例，我说一说乡村运营和乡村治理之间的关系。关于这个话题，如果要细说，可以聊三天三夜。因此，这里我只是简单地把运营和治理的逻辑关系梳理一下。

目前，乡村运营和乡村治理两者之间，首先是一种相辅相成的关系，是将两者有机融为一体的协同关系。

它们之间到底该如何协同呢？青杠树村作为治理主体，可以用自己的治理职能协同平台公司运营，香草湖运营平台公司作为运营的主体可以用运营来协同村庄的治理。

作为一家村镇运营服务商，围绕整村运营，围绕治理和运营之间的协同关系，这套协同治理机制是愿乡公司做整村运营过程中最重要的，是乡村发展服务的逻辑。运营的归运营，治理的归治理。在整村运营过程中，大家可以根据不同的职能分工，各就各位、协同共赢、收益共享。

（三）寻找时机再突破

青杠树村整体运营的思路主要体现在四个方面：一是新村营建前资

金筹集的专业性，二是新村营建思想理念的先进性，三是引入了专业人才做整村运营的市场服务团队，四是充分体现了村民是最大受益方的主体地位。

若将这四个方面的内容综合到一起，并进行归纳和总结，梳理成一个完整的落地流程和运行机制"服务包"，基本上也是愿乡公司的整村运营理念。不过，由于村里的老百姓普遍保守，存在认知问题，目前青杠树村的整体发展道路并没有充分呈现愿乡公司整村运营的全部思路。

2012—2021年，十年间，青杠树村与时俱进地在改变。同时，愿乡公司的整村运营落地实践也在不断地自我完善中。对于愿乡公司而言，青杠树村并不是其整村运营的完美案例，甚至还存在一些难以名状的无奈与遗憾。

然而，对于更多缺少强势的村庄带头人和不能够实现"一人兴村"的广大乡村来说，青杠树村的整体运营与发展经历，却有着许多值得借鉴的经验可循。

1. 先要解决好钱从哪里来

愿乡公司的整村运营有个"三段论"理念，分别是资源整合、资源利用和资源管服。这是决定一个村庄能否做整村运营的基础，也是核心。其中的资源整合对应的是做整村运营解决钱从哪儿来的问题。直白点说，钱从哪儿来的问题解决不了，后面的所有事情将无从谈起。

从具体操作层面来讲，资源整合分两部分：一要把分散、闲置、低效使用的村域资源统一起来。也就是把村上包括集体经济组织和农户的资源组织起来，市场经营权统一到村集体股份经济合作社。这是一个十分难做的工作，因为对多数村庄来说，大多数村民是不会轻易将资源的市场经营权委托给村集体经济组织。

想要做成这件事，有三道难关必须要能通过才行：第一道难关，是能够向村民描述清楚村庄发展的未来蓝图，并让村民相信你能做得到；第二道难关，是村民需要承受一定的压力，他们需要搞清楚要付出多少代价，能够得到多少回报；这需要靠村民的自觉自愿，不能强制推行；第三道难关，是腾退安置建新居过程中，参与进来的村民要出钱，钱可以尽量少一些，但村民不能不出钱。

因此，在做整村运营的第一个阶段即资源整合过程中，围绕资源集中和资金筹集，必须做好相关的调研工作、动员工作，还有以村庄未来如何运营为中心展开的调研、策划、规划和设计等相关工作。

需要说明的是，即便这部分工作进展顺利，但相比整村运营启动需要的资金，这笔象征着以村民为主体的资金，一般最多只能占到整个资金需求比例的5%。那么，占整村运营所需资金量绝大部分的钱从哪里来呢？

整村运营，钱的渠道来源有三个：一是县域财政倾斜能够统筹到的资金，这部分资金大约能占到总资金需求量的30%；二是利用村域资源资产做抵押，政府信用做背书，从金融机构获得的长期低息贷款，这部分资金大约能占到资金需求量的40%；三是通过可入市交易的村经营性建设用地预收的社会中小工商资本的资金来弥补，这部分大约占到25%。

将这些资金全部聚拢，围绕第一阶段"资源整合"展开的第一个SPV（特殊目的的载体或机构）工作才算画上一个阶段性句号。青杠树村围绕资源整合工作，当时参与腾退安置的青杠树村村民每户只出了1万元，总计不到300万元。而从农商银行贷出的资金就有6800万元，预收工商资本流转资金7300万元，郫都区政府出资2200万元，总计资金约1.66亿元。

正是因为有了这笔资金做支撑，青杠树村才能按照"小组微生"的乡村营建理念，并仅用了一年左右的时间，通过调研、策划、规划、设计、投资、建设的操作过程，完成了青杠树村建新村的腾退安置和资源集约节约工作。而按照愿乡公司的整村运营思路，在这个阶段，村集体不仅要完成土地整理、成立村集体经济组织，同时还要成立香草湖运营平台公司。

因此，青杠树村的香草湖运营平台公司成立还是比预定完成时间迟了近两年。

2. 做好资源产品分类工作

乡村产业想要发展，首先要确保有可引入产业的空间资源。事实上，对大多数村庄而言，除了可流转的农田林地，基本已没有集体性经营建设用地。而在第一阶段资源整合腾退安置建新居和村域空间资源再集中的过程中，是为乡村产业发展预留土地的最佳时机。

不过，为了尽可能多从准下乡工商产业资本那里筹集到启动资金，而将有限的建设用地资源一次性交易完毕，这种做法有利也有弊。好处是，能够在较短时间内，在前期的乡村营建阶段干出成绩；问题是，很容易使村域资源溢价空间在较短时间内达到上限，并出现无资源可交易的尴尬。

从以村民为主体的乡村长期发展考虑，这样的资源整合运作方式，容易造成村集体和村民可持续收入增加的困难。客观而言，青杠树村的整村运营在这方面也多少存在一些缺憾。

作为村集体所有的村资产管理公司，或村集体股份经济合作社，从乡村的长期发展来看，都应该建立这个临界意识。其需要以村集体的名义收储一些经营性建设用地资源，以便将来用更合理的价格招引更优质的乡村产业。这样，村集体不仅可以提高资源对价市场的收益，还能够为村庄的发展留足后劲。

想要做好整村运营，避免村域核心可交易资源的一次性资产化和价格化，是一个重要的关键因素。这样的一次性资源资产化和资产价格化的价格交易行为，从长远看，很可能导致村集体和村民无资源再开发的情形。

另一个问题，如何做好村域可交易资源的产品分类，从而构建村域资源产权交易的价格标的体系。对于一个村庄来说，山水林田湖草等资源，可用于交易的资产很多，应根据不同资源属性、不同区位、不同时间和用于不同产业发展的定位，有一个动态的资产的价格体系。

至于可交易的不同资产的价格到底该如何标定，这是一个需要不断创新和完善的过程。而为了确保价格制定的科学性、合理性，同时也是为了保证交易双方的公平公正，需要多方来评估，而不能由哪一方哪一个人来拍脑袋决定。另外，村集体经济组织和乡村运营公司，双方可根据自身拥有社会资源的多少和能力大小，去依法依规地做出选择。如可选择性进行自主产业招商，或通过镇域、县域、市域农村产权交易平台进行招商。毕竟交易平台不同，能够招引到的商家和商家质量也不尽相同。

3. 村域资源的资产性收益是重点

资源利用是愿乡公司整村运营的第二个阶段。资源利用有两个维度：一是村域内一草一木皆具有市场价值的资源利用，二是对已经纳入村域可交易资源的价格体系的利用。在资源整合的第一阶段，为了获得相应的村域发展资金，运营平台可根据村域产业发展布局，向有意向参与进来的社会企业，通过入市对价出部分村域资源，用于发展乡村产业。而对于村集体经济组织收储的剩余土地资源，可交由村域管理平台进行统一运营。

让村域资源分阶段逐次、有序地释放的乡村产业发展战略，可使资产性运营收益的盈利空间变得更大。同时，也为村域的招商、产业的升级发展提供更多的选择。对于村集体经济组织而言，这不仅仅是技术问题，更是村集体经济组织面对短期利益诱惑的一次考验。

比如青杠树村的可经营性建设用地，最初的交易价格每亩地只有六七十万元，然而到了2019年前后，每亩地的市场价格已经飙升到了150~200万元。原先看似并不怎么值钱的土地，在七八年后还有这么大的溢价空间。因此，在资源利用阶段，最考验决策者的更多是视域、眼界、魄力、耐力和平衡力。

在第二阶段的每一个产业项目的制定，和资源整合的第一阶段一样，同样离不开调研、策划、规划、设计、投资、建设、运营。产业运营平台公司按照事先的产业规划布局，通过向不同产业项目和产业方有序供地的运作方式，可有效避免乡村产业发展过程中的揠苗助长的现象。

这个阶段的乡村产业运营和管理服务，就如同老师要教育好已经进入青春期的孩子一样。过不了这个坎儿，乡村发展将不可避免地要面对各种矛盾。过了这个阶段，整村运营将会进入第三阶段，相对平缓的资源管服阶段，即整村运营的管理和服务阶段。

4. 运营乡村需要长效机制

现在的青杠树村整村运营已经进入资源管服的第三阶段。资源管服，主要是为了乡村运营提供管理和服务，服务内容包括：相关乡村活动的策划、村域商业管理服务、协同村级组织完善治理、围绕乡村品牌体系建设的各种宣传推广等。目前香草湖运营平台公司的工作人员，更多的日常工作主要集中在这方面。

由于香草湖运营平台公司与村级组织，围绕村庄的治理和运营，已经建立并磨合出了一套较为成熟的协同治理机制，形成了一种长期运营合作关系，因此运营一个年接待游客超 300 万人次的 AAAA 景区，整个香草湖运营平台公司才有可能五六个人就能运转起来。作为最小的治理单元，青杠树村党总支部下设 2 个党支部、4 个党小组，有 75 名党员。而香草湖运营平台公司的主要职责更多是协同村级组织的治理，更高质量地实现经营收益，帮助村集体经济组织赚更多的钱。

在青杠树村以党组织为统领，设立了村民议事会、村民委员会、村民监事会、村公共服务中心、村集体经济组织五个机构。而在村集体经济组织下又有四个分支机构：村集体资产公司、粮经专业合作社、青杠树景区商会、村养老中心。

香草湖景区管理公司由村集体资产公司与愿乡公司共同成立，从属于村集体资产公司，且内部各有分工。从乡村治理角度看，香草湖运营平台公司的工作人员由愿乡公司管理，同时也受青杠树村党支部领导香草湖运营平台公司懂市场，能充分弥补村集体经济组织在壮大集体经济和增加村民收入方面，市场能力不足的短板。

5. 从整村运营延伸出的单品

愿乡团队从整村运营三个阶段的几个核心关键点出发，从中延伸出了愿乡公司为村庄服务的多个产品。第一个延伸产品服务包，搭建"SPV 公司"，其服务内容主要是帮助村庄做调研、策划、村集体经济组织建设、建立参与各方的收益分配机制的服务。而这项服务的核心内容是帮地方和村上解决整村运营钱从哪儿来、有了钱怎么用、都需要花在什么地方、资金如何管理等问题。

第二个延伸产品服务包叫作愿乡融城乡，主要解决老村民如何退出乡村的问题；还有下乡创业、生活的新村民，如何通过村自治章程依法依规地融入乡村的问题。城乡融合的核心内容是推动城乡要素实现双向有序流动，而愿乡融城乡服务要解决的核心问题，则是如何促进人的要素的双向有序流动。

第三个延伸产品服务包叫作愿乡助村，主要服务内容是以团队赋能做导师的方式，唤醒村集体经济组织，并亲自操盘帮助村上建立起一个实实在在运行的村集体股份经济合作社，制定一条发展路径，构建一套助村服务机制和落地产业。愿乡助村的核心内容是通过一年的驻村服务，引导并壮大乡村集体经济组织自身的认知力和行动力。

笔者很难通过一个村的整村运营案例，全面呈现整村运营的优缺点。就愿乡公司在整村运营全套服务体系而言，目前依然存在着不少需要用实践去检验的薄弱环节与落地难点。一方面愿乡团队能力仍需加强，另一方面参与乡村振兴各方认知深度不够、实施过程中顾忌太多。在整村运营发展的道路上，愿乡公司本就是一个抛砖引玉的先行者。至于如何让整村运营日臻完善，其本身就是一个需要大家共同努力的时代话题。

四 县域宅改

江西省鹰潭市余江区宅改

对话·余江区宅改办

　　2015年5月，江西省鹰潭市余江县成立余江县农村宅基地制度改革试点工作领导小组，由时任余江县委书记张子建担任组长。领导小组下设办公室（宅改办）。2015—2022年，余江宅改领导小组先后由张子建、路文革、苏建军、罗卫国四任县（区）委书记担任。宅改办组建业务指导组、综合协调组、督查组等工作小组，人员从各单位抽调，与原单位工作脱钩，专职全程负责改革试点日常具体工作。

乡村振兴的核心与关键是村集体经济组织和全体村民如何获得与享有更多的发展权利。然而，伴随农民拥有更多市民化发展权利，全国出现了几十年的农民空间大流动与大迁徙现象，越来越多农村的人才和劳动力变为职业产业工人和新市民，成为新时代中国特色社会主义发展的趋势与潮流。

与此同时，其对乡村发展所带来的问题是：农民种地的积极性越来越低，村庄乱搭私建和脏乱差现象越来越突出。加之新中国成立至今70多年的农村宅基地发展演变，以及改革开放40多年社会主义市场经济观念的影响，导致村民对自家承包经营的山水林田等农地，还有分配的宅基地"私有化"意识越来越强。而村集体服务本村村民的能力与意愿，却愈加低下，所拥有的治理权力也愈加虚置。

基于此种前提和背景下的农村发展改革，改革的深水区到底在哪里，为什么大家对宅基地改革诚惶诚恐，唯恐避之不及？刨人祖坟（平坟或迁坟）、拆农民的房子，在农村这是天大的事情。若工作做不到位、把控不好，在执行过程中不能做到公正公开、合情合理、有礼有节、有序有效，并确保一碗水端平，将会出现导致社会不稳定的安全隐患，乃至闹出人命。

从2014年11月末确定余江县为农村宅基地制度改革试点县至今（2018年7月，余江县撤县设区），近八年时间，余江宅改办及县域县镇村三级治理主体，一直在这条最难和最艰巨的模糊探索路上，埋头苦干、风雨前行……

（一）宅改零距离

不参与"三块地"改革，我们很难切身感受农村工作的敏感和棘手。而谁能啃下"三块地"改革中"宅基地"这块最难啃的"硬骨头"，则不仅需要勇气，更需要魄力，一股敢于义无反顾杀出一条血路的不要命精神。

这话听上去似乎有些危言耸听，然而从第一轮改革历时四年多，且一次又一次被延期中，我们应该就能对县域宅改的复杂与艰难管窥一斑。

2014年11月末，时任余江县国土资源局局长的蔡国华，在听到江西省国土资源厅宣布余江为宅改试点县时，第一反应是惊讶。而其他县（市、区）的国土资源系统的同志听到后的第一个反应是"这个人是新来的吧"，因为他们知道宅改对他们来说到底意味着什么。

时任余江县委书记的张子建态度鲜明，表示要大力支持"宅改"工作。然而，随后的县宅改工作座谈会却开成了"批斗会"。一个乡镇干部质问他："你想改革当然很好，但选什么不好，偏偏选个捅马蜂窝的宅基地呢？"

关于"三块地"改革，四川是村集体经营性建设用地入市的典范，其中尤以成都市战旗村的示范性市场影响力最大。通过土地综合整治和腾退安置建新居的方式，村域生态得到了优化，村庄风貌也有了巨大提升，更重要的是，通过这种方式，老百姓不仅住进了新房，幸福感和获得感倍增，而且实现了村域空间增值，不仅在家门口就能就业，而且还通过壮大集体经济组织，村民还能从中得到关于生活的更多福利和保障。

相较于区域位置和经济发展更好的成都市郫都区，那里的村集体建入市用地，从最初的一亩地50多万元逐步涨到了70多万元、100多万元甚至150万元，逼近200万元。而位于鹰潭市余江区的宅基地制度改革要完成的试验任务，看上去则要难上更多。

余江宅改的难点表现在五个方面：一是要解决新中国成立70多年遗留下来一户多宅的问题；二是要解决宅基地上建筑面积超标的问题；三是宅基地改革后，腾退出较多碎片化的建设用地，市场活化不足；四是由于区位原因，土地市场价值总体不高；五是县直机关、职能部门及乡镇干部开始抵触情绪较大。

开弓没有回头箭。如何推动余江宅改工作呢？首先，成立了由时任余江县委书记担任组长的宅改工作领导小组；其次，对全县农村宅基地现状以及存在的问题进行一次彻底调查和摸底；最后，制定余江宅基地制度改革试点的实施方案。从2015年4月开始，余江宅改办用了半个月的时间，对域内实施了三次调研。经过这三次调研，县领导层面对宅改重要性高度统一。

三次深度调研后，大家为什么突然变得有信心了呢？主要是参与改革的领导干部走近了人民群众，听到了农民对宅基地制度改革的态度和真实声音。很多农民基于村庄发展的现状，对宅基地制度改革试点工作是赞同的、支持的，并希望通过此次改革，可以解决和改善村庄的环境问题，以及道路差、建房难、私建房的一系列问题。

在经历了一次外出调研考察后，宅改办工作人员齐心合力，很快就制定了《江西省余江县农村宅基地制度改革试点实施方案》。实施方案共分为六部分：指导思想、基本原则、工作目标、工作任务、工作步骤、工作措施。其中工作任务部分，既充满挑战也是大家的动力之源。一旦取得成效，将会从制度层面为宅基地管理和依法处置找到一条可复制、可推广和可借鉴的改革之路。

2015年4月19日，该实施方案经过多轮修改完善，由余江县委、县政府上报到江西省国土资源厅，并由江西省国土资源厅上报给了国土资源部。2015 年 6 月 29 日，国土资源部批复了余江县域宅改试点的实施方案。于是，一场轰轰烈烈的宅改正式拉开了帷幕。

1. 全县域覆盖，有序铺开

"三块地"改革主要是指农村土地制度改革中的三项改革任务：完善农村土地征收制度改革，建立农村集体经营性建设用地入市制度改革，完善农村宅基地制度改革。这三项试点改革不是彼此分开的、独立的，而是具有内在的整体性、系统性和协同性。同时，这三项试点改革也与 2019 年 12 月 19 日出台的《国家城乡融合发展试验区实施方案》前后形成了递进。

从 2015 年 5 月余江县成立了农村宅基地制度改革试点工作领导小组至今（截至 2022 年 6 月），余江宅改试点工作领导小组分别经历了四任组长，并分别由张子建（现任鹰潭市委副书记、市长）、路文革（江西省农业农村厅原副厅长、现任江西省发展和改革委员会党组成员、省粮食和物资储备局党组书记、局长）、苏建军（江西省萍乡市委常委、组织部部长）、罗卫国（现任江西省鹰潭市余江区委书记）等四任县（区）委书记担任。

余江县域宅改在第一项任务执行实施过程，大致经历了四个阶段：一是 2015 年 7 月至 11 月，41 个自然村的先行先试阶段；二是 2015 年 12 月至 2016 年 6 月，20 个行政村"1+N"模式全面推进阶段；三是 2016 年 8 月至 12 月，县域行政村全覆盖和构建成熟制度机制阶段；四是 2016 年 10 月至 2017 年 6 月，完成全域 116 个行政村剩余 50% 自然村的覆盖，形成改革试验成果阶段。

进行先行先试的 41 个自然村是余江宅改的先锋队，其有如下几个特征：从村庄类型角度来看，可分为城郊型村庄、平原型村庄和山区型村庄；从人口数量角度看，每个村庄在50户至100户之间；从村庄自身特点来看，这41个自然村都开展过新农村建设，群众基础较好。除此之外，村庄基层组织健全、工作积极有力，也是其中的一个关键点。

2015年11月，41个先行先试村的宅改如期全部完成，并基本取得了六项成果：一是规范了村民的建房行为，二是推动了宅基地的有序退出，三是促进了节约用地，四是出台了宅基地改革系列制度，五是转变了政风乡风民风，六是拓宽了村集体增收渠道。

其中，存在的问题主要表现在五个方面：一是有些分管领导和班子成员业务不太熟悉；二是有些村集体对无偿退出的宅基地管理还不到位，土地入市及产权抵押没有形成大气候；三是宅改成本较高，资金投入不足；四是村民参与改革积极性有待进一步激发；五是宅基地有偿使用费的收取缺乏强有力的保障措施等。

第二个阶段"1+N"模式中的"1"是指宅改，"N"是指其他多项农村改革事项，如全国城乡融合发展试验区建设试点、全国乡村治理体系建设试点、农村生活垃圾专项治理试点、农村集体资产股份权能改革试点、农民住房财产权抵押贷款试点等。简单理解，就是以宅改为统领、为抓手、为主线，将正在农村进行的其他改革事项贯穿起来，形成一个更加全面的农村综合改革建设方案。

在余江宅改的四个阶段中，村民主体力量中的理事会和新乡贤，发挥了事先宅改办并没有意想到的巨大影响力。其不仅推动了宅改的有序进行、持续深化，而且还为村民自治组织的建立健全，村庄治理秩序的重建，起到了促进和推动作用。

2016年9月，全国"三块地"改革进入"试点联动"阶段。而原本只承担宅基地制度改革试点一项任务的余江县，按照中央部署，增加了土地征收制度改革、农村集体经营性建设用地入市改革两项任务。10月，一份《江西省余江县关于统筹协调推进农村宅基地、集体经营性建设用地入市、土地征收改革试点工作的实施方案》放到了鹰潭市委、市政府相关领导的案头，随后又逐级报到了国土资源部。11月，国土资源部回复，同意并批准了方案的实施。

关于村集体经营性建设用地入市，当时余江县吸收了成都市郫都区的改革成果，如村建用地入市的总体规定、增值收益调节金征收管理、土地整治与调整使用办法、入市主体认定、收益分配办法、入市项目环评、使用权抵押贷款办法、违法建设责任追究，以及入市审计监督办法等。关于征地制度，当时余江县吸收了内蒙古和林格尔县和河北定州市的改革成果，如征收原则、征收程序、征收补偿安置、土地增值收益分配、被征地农民社会保障、征地资金管理、公共利益目录划分、补偿安置争议协同裁决办法等。

2017年6月，余江县第一宗面积为20亩的村集体经营性建设用地，在余江公共资源交易中心入市成功。该宗地块位于平定乡洪桥村吴家小组，出让年限30年，土地用途为工业用地，成交价82万元，竞得者为一名上海的投资商。

截至2018年12月，余江区共完成了8宗地的入市；完成征地项目3个，面积为2099亩。同时，全区共退出宅基地34226宗、4573亩，其中有偿退出7687宗、1073亩，无偿退出26539宗、3500亩，村集体收取有偿使用费7968户、1133万元，村集体支付退出补助款2033万元，发放农民住房财产权抵押贷款5251万元。

2. 迈向城乡融合新高地

2015—2020年，共用了5年时间，余江区探索出了覆盖"区乡村组"四级主体的一套县域农村宅基地管理制度体系，实现了宅基地的有序管理，让余江农村宅基地重新回到了"一户一宅、面积法定"的公平起点。

2020年10月，余江再次被列为全国第二轮农村宅基地制度改革试点县。而在余江区宅改办提供的一份《2022年上半年城乡融合发展工作小结》的报告中，使用了"余江区城乡融合办"的名称。因为在2019年12月19日，由国家发展和改革委员会、中央农村工作领导小组办公室、农业农村部、公安部等18部门联合印发《国家城乡融合发展试验区改革方案》中，江西省鹰潭市也在其公布的11个国家城乡融合发展试验区名单之列。

两块牌子，一套人马；两个目标，一个方向。当前的余江区，正以鹰潭市被列为全国城乡融合发展试验区为契机，全面聚焦农村宅基地"三权分置"目标任务，全力解决好"有地建房、有地发展、有序管理"三个问题，积极稳慎推进深化宅改工作，在余江已有的"三面红旗"基础上，力争竖起余江的第四面红旗。

在第二轮农村宅基地制度改革试点以来，余江区宅改办整合了村建土地入市、产权抵押、乡村治理、普惠金融各项改革成果，不断稳慎探索闲置宅基地和闲置农房盘活利用的有效途径和体制机制，建立了《闲置宅基地及闲置农房使用经营权流转机制》《宅基地和闲置农房盘活利用收益分配机制》等13项相关制度和办法。截至2022年4月，余江区盘活利用闲置宅基地和农房1088宗，确保每个行政村集体经营性收入20万元。

在城乡融合工作推进方面，余江区紧密围绕"国家城乡融合发展试验区"在江西省鹰潭市的试验重点，分别从农村集体经营性建设用地入市、完善农村产权抵押担保权能、基础设施城乡一体化、公共服务城乡均等化、城中村改造五个方面发力。

在村建用地入市方面，余江区共完成土地入市 34 宗、面积 445 亩。2022 年的村集体经营性建设用地入市目标为 18 宗、面积 67.9 亩，并通过《鹰潭市余江区集体经营性建设用地入市低风险项目报建监管发证暂行办法》《鹰潭市余江区集体经营性建设用地入市项目准入意见》等规范性文件和体制机制上的再突破，进一步推进入市工作，提升工作效率。

在完善农村产权抵押担保权能方面，余江区域内村庄农权授信 14979.8 万元、用信 9755.85 万元。目前，余江"数字农权+普惠金融"平台已基本搭建完成；农村集体产权抵押融资工作已覆盖重点帮扶村、"十三五"脱贫村、城乡融合综合示范点等共计 32 个行政村；持续推进产权交易，并确保新增集体产权交易须在区产权交易中心交易。

在基础设施城乡一体化方面，余江区重点从城乡高效配送、供水一体化、污水处理一体化、交通公路一体化、垃圾处理一体化五个方向出发，目前已完成集超市、快递收发、网络代购、农副上行、金融兑付五大功能于一体的 16 个电商物流集散网点建设。截至 2022 年 5 月，交通路网一体化建设项目已完成 108 个，总投资 3.03 亿元，完成总投资比例 88.3%。

在公共服务城乡均等化方面，余江区主要从健全医疗卫生体系和均衡教育资源配置出发，目前已筹集资金 13.3 亿元，改造提升乡镇卫生院 12 所、村卫生室 107 个，不断巩固"乡聘村用"的村医机制；稳妥推进农村教学网点撤并 50 余所，改造乡镇寄宿制学校 21 所，建立了 9 个教育联合体，有序推动全区 115 名教师的轮岗交流。

城中村改造项目的推进主要集中在邓埠镇竹溪邓家村。目前，全村共无偿退出院套 80 余宗，拆除面积 18000 平方米。村集体经济组织成员成立了置业股份合作社，每人出资 1 万元作为股金，在村中集资建设了一个 1 万平方米的商住综合体，并用其发展住房租赁、餐饮、住宿等产业。2021 年，共获租金 63 万元，持股人可按持股比例分红，平均每户分红

3300 元。

接下来，余江区推进城乡融合试验的总目标是：围绕五项试点任务实现域内所有行政村全覆盖，并重点打造 206 国道、320 国道、梁余线、邓山线和余信贵大道沿线村点，逐步形成城乡融合示范带。

（二）直击难点，成为焦点

宅基地制度改革是深化农村发展改革的深水区。这是一件牵一发而动全身的事。鹰潭市余江区之所以能成为全国县域宅基地制度改革的示范典型，主要取决于四个方面：一是县域领导的决心，二是余江区宅改办的主导作用，三是乡镇党委的综合统筹，四是村民事务理事会在其中充分发挥出了宅改的主体作用。余江宅改是一部农村土地改革的先锋剧——崎岖坎坷、跌宕起伏、可歌可泣、精彩纷呈。

1. 余江宅改办的成绩单

笔　　者：2015—2022 年，余江区宅改办人员与职能有哪些变化？取得了哪些成绩？

宅改办：2014 年 12 月，余江县被列为全国第一批农村宅基地制度改革试点县。2015 年 5 月，成立余江县农村宅基地制度改革试点工作领导小组，由时任余江县委书记张子建担任组长。领导小组下设办公室（宅改办），时任余江县委常委、县政府副县长陈亮泉兼任办公室主任，时任县国土资源局局长蔡国华兼任办公室常务副主任，时任余江县国土资源局党组成员聂荣华为副主任。

宅改办办公室设在国土资源局，当时宅改办其他成员有彭赞军（时任余江县中童镇人大主席）、杨赞梅（时任余江县监察局副局长）、许华（时任余江县委办副主任）、桂春林（时任余江县锦江镇人大主席）、周国安（时任余江县委政研室干事）、程海荣（时任余江县国土资源局办公室主任）、吴雨万（时任余江县国土资源局耕保股股长）、李泰胜（时任余江县国土资源局地籍站站长）、孙小毛（时任余江县国土资源局交易中心主任）。

2015—2022年，余江宅改领导小组先后由张子建、路文革、苏建军、罗卫国四任县（区）委书记担任。区宅改办分管领导或宅改办主任历经陈亮泉（余江县委常委、县政府副县长）、吴晓娟（时任余江县政府副县长）、杨鹏（时任余江区委办主任）、毛伟卿（时任余江区政府副区长）、熊志龙（时任余江区政府党组成员）、易长青（现任余江区政府党组成员、区委组织部常务副部长）6人。

余江县（区）宅改工作领导小组在部、省改革试点工作领导小组的指导下开展工作，全面负责领导、协调、监督改革试点各项工作。宅改办组建业务指导组、综合协调组、督查组等工作小组，人员从各单位抽调，与原单位工作脱钩，专职全程负责改革试点日常具体工作。

试点以来，余江区始终坚持以习近平新时代中国特色社会主义思想为指导，深入贯彻习近平总书记全面深化改革重要思想，在省委、省政府和市委、市政府的坚强领导下，在上级有关部门的精心指导下，大力弘扬"战天斗地、敢为人先，不达目的决不罢休"的血防精神，坚持党的领导，紧紧依靠群众，坚决守住土地公有制性质不改变、耕地红线不突破、农民利益不受损的底线，余江宅改实现全覆盖。

原国土资源部部长姜大明在余江调研时指出，余江宅改走在全国前列，发挥了重要的示范作用。农业农村部原部长韩长赋在余江调研时给予了"路子很对、工作很细、效果很好、经验很多"的充分肯定。中央农办原主任陈锡文、韩俊分别对余江宅改给予了肯定和认可，以及江西省委原书记强卫、鹿心社、刘奇，江西省政协主席姚增科，原常务副省长毛伟明等 31 位省部级领导先后调研视察，给予了充分肯定，认为余江宅改创造了经验，发挥了引领示范作用。

全国宅改集中调研会、"农村宅基地等三项制度改革深化与创新"专家研讨会、中部省国土资源厅（自然资源厅）改革第四次会、全省宅改现场会等会议先后在余江区召开，先后 10 余次在江西省委、江西省政府、自然资源部、农业农村部会议上做典型发言，《人民日报》《自然资源报》、新华社、中央电视台等 20 多家官方媒体进行了宣传报道。

2. 顶住压力，拉开宅改帷幕

笔　　者：宅基地制度改革既艰难又复杂。当时余江县试行宅改试点时，大家对做这件事的态度如何？

宅改办：客观来说，可以用"群情激愤"来形容当时大家的态度。2015 年 1 月，我们在县体育馆召开了一个宅基地制度改革试点工作座谈会，与会人员有纪检、监察、国土、农业等与改革相关部门的一把手，还有 11 个乡镇的党委书记和乡镇长。之所以要举办这个座谈会，一是向各乡镇和相关职能部门做一个宅改试点工作的通报，征求一下大家的意见；二是听听大家的想法，到底是支持还是反对，毕竟他们都是将来宅改的具体推动者。

当时的国土资源局局长通报了这个消息后，整个会场立刻炸开了锅。大家情绪激动、争相发言，抵触情绪特别大。

大家认为，搞宅改免不了要拆人家房子，在农村拆人家房子是天大的事，弄不好是会出人命的。农村工作维稳压倒一切，而一旦做了这件事，很可能会恶化基层的干群关系。本想通过这个会征求各方意见，让大家献计献策，没有想到的是，会场上大家是一片反对之声。

然而，余江宅基地制度试点改革是结合了余江农村工作的实际情况，经过了县委、县政府集体决策才定下来的。那时，张子建是余江县的县委书记，他年轻、有冲劲，也敢于迎接宅改工作的巨大挑战，并对宅改工作充满热情和给予了大力支持。

笔　　者：参加此次全国试点的，江西省只有余江县。余江县域宅改试点板上钉钉后，你们又是具体怎么展开这项工作的呢？

宅改办：在省级层面，成立了有省委副书记为组长的宅改工作领导小组，在县级层面，我们成立了由县委书记担任组长的宅改工作领导小组，县宅改工作领导小组下设宅改办公室，作为日常办事机构，负责宅改工作的协调和日常行政运转。

县宅改办成立以后，工作人员主要从相关部门抽调精干人员组成，当时有十三四人。与之对应，各乡镇也迅速成立了相应的领导机构和工作班子。宅改领导团队组建完毕后，我们先是进行了为期半个多月的三轮调研摸底，让参与这件事的领导都深入基层，了解具体情况。

参与此次调研的人员有三类：一是各乡镇挂点的县领导及秘书，或者是办公室工作人员，二是宅基地改革办公室的全体工作人员，三是各乡镇的有关领导。除此之外，宅改办编制的《调研手册》还规定：每个县领导到村调研时间不少于七天；调研期间，每三天开一次调研汇报会，每个县领导要书面汇报情况，由县委办汇总。

笔　　者：三轮摸底调研，你们主要摸底调研了什么？另外，这三次调研有何区别？

宅改办：三轮调研，每次涉及的内容都各不相同，可以说是层层深入，不断触及改革的敏感区，甚至是制度层面。

第一轮调研涉及的内容主要包括：一是宅基地使用现状，二是如何调动村民事务理事会和群众参与改革的积极性，三是宅基地的退出、有偿使用、流转及抵押、担保等基础性问题。

第二轮调研的内容主要围绕六个方面展开：一是一户一宅的界定，二是集体经济组织成员资格权的认定，三是宅基地有偿使用费用具体的收取办法，四是宅基地有偿退出和退出程序，五是村民事务理事会的主体作用，六是宅基地增值收益分配原则。

第三轮调研的重点主要包括具体操作方面的四个问题：一是村民申请建房的条件，二是不得申请建房的情形界定，三是申请建房的程序，四是建房的相关收费项目和标准。

三轮调研结束后，我们决定先选择41个自然村进行先行先试。毕竟这是一件大事，而且事情很琐碎、很细小。先在小范围试点，并通过小范围试点总结经验教训，这样会形成相对规范的工作流程，再逐渐铺开时，就会稳妥很多。

3. 制定宅改方案的办法

笔　者：三轮调研之后，你们又集中了三个村的干部到县委党校进行封闭讨论，可以分享一下这件事吗？

宅改办：为了启动实质性的改革，我们采取了一种小切口突破的办法。当时，我们宅改办、各乡镇代表，还有三个村的干部，大家一起集中到了位于高公寨林场的一个偏僻地方——县委党校。这样便于集中精力，不受干扰地制定好每个村具体的宅改方案。

选择的三个村是：锦江镇的李家村、潢溪镇的上黄村、杨溪乡的科里陆家村。2015年8月28日，分管宅改的领导、三个乡镇的党委书记、三个村的村民理事会的理事长、理事，还有我们宅改办的全部工作人员，共计40多人，全部封闭到了高公寨林场，开始集中酝酿具体可行的宅改办法。

最初，不少村的代表的态度虽有畏难情绪，但他们觉得上级已经决定干了，那就下达任务就好了，上面怎么说，乡里和村里就怎么干。好多人完全没有意识到，宅改就是他们自己的事情，关乎每一个村民的切身利益。因此，具体怎么改，每个村要拿出自己的主意，制定出自己的办法，省里、县里，还有我们宅改办，只对宅改的大方向进行把握，不对具体操作层面进行干预。为此，县里制定了《农民建房管理暂行办法》《农村宅基地有偿使用、流转和退出的暂行办法》《农村集体经济组织成员资格认定办法》，并要求各村以这些文件为准绳，并根据每个村的实际情况，草拟出可以提交到村民大会或村民代表大会的实施细则。

笔　者： 各个村的宅改细则，只要通过村民大会或村民代表大会集体决议，就可以按照各个村的细则去执行吗？

宅改办： 是的。经过领导和我们的补充解释，三个村的理事长和理事终于认识到了宅改的关键所在：想要顺利推行，就要在宅改的大框架下，每个村以自己为主体，想出现实可行的办法，并一步步落实推进。

思想一旦跑通，大家一下子就安静了下来。他们开始认真思考、分析自己村子的情况。因为他们知道，接下来大家草拟的各个规章和办法，是要直接面对村民的评判的，不能像过去那样随意，要慎之又慎，认真对待。

村干部最了解村里的问题和实际情况，只有把他们的主体性和主人翁意识唤醒，他们就会把真正的问题找出来，把接地气的办法想出来。

事实也是如此。三个村的理事长和理事们很快就展开了内部的激烈讨论，且讨论的目标也非常明确。他们讨论的很多问题，老实说，我们也不知道怎么办；还有一些他们讨论的问题，是我们之前压根就没有想到的。

于是，经过三天的碰撞与讨论，他们三个村不仅制定出了相应的实施办法，还另外拟定出了村里的村规民约、理事会工作制度等好几个文件，甚至他们连如何处置宅改中的矛盾纠纷，都做出了详细的规定。

笔　者：三个村的宅改实施细则出来以后，你们接下来又是怎么做的呢？

宅改办：趁热打铁，对剩余的38个自然村全面铺开，也采取了同样的封闭酝酿办法。2015年9月15日，我们将剩余的38个自然村也封闭在了高公寨的县委党校，我们对宅改中碰到的现实问题进行了归纳总结，拟出了15个问题，让与会的38个自然村的理事长、理事，还有参加宅改的县乡镇工作人员，进行集中讨论。

村级层面的问题有10个，分别是：

① 有偿使用费不交怎么办？

② 无偿退出不退怎么办？

③ 有偿退出的钱从哪里来？

④ 规划怎么执行好？

⑤ 建房审批怎么把好初审关？

⑥ 择位竞价怎么搞？

⑦ 建房过程怎么监管好？

⑧ 土地增值收益怎么分配？

⑨ 理事会成员权责如何界定？

⑩ 针对大部分常年外出务工村民的宣传动员工作怎么开展？

对各村理事长和理事来说，这10个问题都是极为现实的问题，必须要想明白、理清楚、处理好。至于县和乡镇一级，在宅改工作中起着指挥、协调、监督作用，直接关乎宅改工作是否能够有序进行、顺利展开。

基于此，我们针对这个层级的领导和统筹工作，也提出了5个问题，分别为：

① 如何激发理事会内生动力，凝聚社会共识，调动群众参与的积极性？

② 如何破解宅基地的流转、放弃难的问题？

③ 如何支持理事会推进宅改工作？

④ 如何监管宅改工作？

⑤ 如何考核宅改工作？

针对这15个问题，我们以问卷的形式发给了与会的各村的村民事务理事会成员，及县乡（镇）的各级宅改干部。同时，还提出了硬性要求：必须在三天之内，完成答卷。

于是，大家在如期完成了答卷同时，顺便统一了思想意识，同时也较为顺利地制定了各村村庄的宅基地改革实施细则。而与会的38个自然村的理事长和理事在回村后，首先必须要做的三个工作是：一是把宅改的精神和意义，向村民说清楚；二是把自己制定的宅改实施办法，向村民说清楚；三是必须召开村民大会，把制定的办法向全体村民公开。

为啥要这样做呢？因为余江宅改的成功与否，关键还要看是否拥有广泛的群众基础，若是得不到群众的理解、支持、配合，这件事在余江是干不成的。

4. 村干部带头宣传助力

笔　者：宅改工作落地实施的关键，最后还是在乡镇和村组。尤其是村组的百姓，如何获得他们的拥护和支持，这才是至关重要的吧？

宅改办：是的。首先是这些"操刀"的人，村民事务理事会、村组干部，他们要清楚、要理解、要认同、要支持。他们若是不理解、不支持，就会扛不下去，就会找各种理由打退堂鼓。他们理解支持了以后，还要带动亲戚朋友、本家的人。

在这个过程中，村一级的党员干部所起最大作用的第一步，就是要理解支持、全力执行。他们的带头作用，是整个宅改工作实施的最重要的一步。

这个过程中，拆一些不合规的房子，只是其中的一个环节。最关键的是，对于这个事情，他们的思想意识一定要到位。思想意识到位了，他不仅要带头去做，还要发动村民跟着一起去做。所以说，在这个环节，我们做了大量的宣传工作。

当时县里做了一次综合性的全方位的宣传。在2015年、2016年这两年，我们在交通道路路口到处粘贴宅改的宣传语。如，"保障户有所居，建新必须拆旧""一户只能一宅"等。

笔　者：宣传动员非常重要。对于这些通俗易懂、简单直白的宅改宣传标语，是谁想出来的？

宅改办：当时我们每一个村庄至少要刷要挂三条宅改标语。例如：

① 深入推进宅基地制度改革，牢牢竖起第四面红旗。

② 一户只能一宅，建新必须拆旧。

③ 农村土地归集体，建房占用要审批。

④ 加入集体合作社，人人都是大股东。

⑤ 农村宅基地制度改革，把沉睡的死资产变成流动的活资本。

⑥ 保护土地千秋业，盘活资源万代兴。

⑦ 统筹利用宅基地，变闲为宝利大家。

⑧ 宅改红旗迎风飘，改革红利大家享。

⑨ 用活用好宅基地，农民增收有盼头。

⑩ 宅基地不是祖业，是集体资产。

⑪ 依法管理宅基地，合理利用宅基地。

⑫ 多占宅基地，多交人民币。

⑬ 土地哺育你我他，珍惜善用靠大家。

⑭ 开展农村"房地一体"确权登记发证工作是保护农民土地合法权益的重要举措。

⑮ 深化宅基地制度改革，人人参与，没我不行！

⑯ 开展房地一体登记，保护农民财产权益！

⑰ 资源变资产，资金变股金，农民变股东。

⑱ 探索三权分置，保障农民宅基地收益。

⑲ 重大利好，闲置宅基地也能有收益了！

⑳ 深化宅改，人人参与，人人受益。

……………

这些标语都是大家集思广益想出来的，其中有我们宅改办的，也有县文联的，还有其他一些文笔比较好的同志。比如这条"多占宅基地，多交人民币"，就是现在我们的政协副主席想出来的。还有"宅基地不是祖业，是集体资产"这句，是我们宅改办大家一起讨论出来的。

除了这些遍布全县的各种标语的宣传，另外每一个村庄我们都会建一个微信群，在群里进行宣传。微信群的群主，一般是村民事务理事会的理事长。同时，我们还拍了一些三五分钟和七八分钟的微视频，视频内容主要是宅改中出现的一些问题，以及这些问题如何解决。

再一个，就是我们召开了一个全县的干部宣传动员大会，当时省里也很重视。我们原来的省委副书记还专门参加了我们的宅基地改革启动大会。对于这件事，当时方方面面、上上下下都很重视，包括当时省国土资源厅的厅长，差不多每一个乡镇都调研到了。

5. 争取大多数村民的支持

笔　者：农民的工作是最难做的。在宅改落地实施过程中，村民第一反应是什么？

宅改办：村民事务理事会和村组干部按照修改完善的实施细则，在做村民工作和开村民大会的时候，多占了宅基地的，肯定是要反对的，不然他的利益就会遭受损失，吃了亏。很显然，他们对宅改工作多是不配合的，吵一吵、闹一闹是常有的事。

这样的人在村里一般家族的人较多，势力也比较大，经济上相对要好一些。他们的人数在村里只是一个很小的比例。尽管他们这么闹一闹，但是村里大多数老百姓还是讲道理的，也不会说不同的意见。

很多村庄在宅基地占有和分配上有一个基本特点：20%~30% 多占宅基地的村民是相对比较富裕一些的村民，30%~50% 的村民属于既没有多占宅基地，也没有吃亏；剩下的 20%~30% 的村民属于弱势群体，在宅基地占有和分配上，肯定是吃了一些亏的。

总体来说，一个村上一般都会有 70% 的村民是支持宅改工作的。在农村搞宅基地改革，只要我们始终坚持"一户一宅"的政策，坚持公平公正，让老百姓真正明白一户一宅的政策到底是为什么，最后都能得到村民的理解和支持。

笔　者：参与宅改的村庄，集约出来的地多吗？

宅改办：可能比你想象的还要多，有些村庄居然拆出了三五万平方米，那可是好几十亩的面积。当然腾退出来的宅基地大多都不是集中连片的，经常是这里几百上千平方米，那里两三千平方米。经过腾退集约出来的建设用地，不仅满足了农民建房的需求，同时也保障了村庄发展和公共服务建设用地的需求。

如果这些地不集约出来，不仅是一种巨大的浪费，村民要建房无地可建时，他只能在耕地上建房了。这样做，不仅触碰了法律红线，而且即便同意他建了，成本也要高出很多啊。这样里里外外算下来，农民能省出多少钱啊。何况，你只要是一户一宅，在原有宅基地上翻建，村集体也不会收他的钱。即便是有偿使用的村上建设用地，一平方米也就几十元，多数都不会超过100元。

笔　者：在农村说服村民挑头做事是最难的。在这个过程中，村理事长压力应该是最大的吧？

宅改办：是的。我们在村上反反复复和老百姓算这个经济账、效益账、长远的账，大家也就慢慢理解了，觉得这是一件好事。一旦老百姓的思想做通了，都是大力支持的。这里面存在的最大的难题是，每一个老百姓都不愿第一个挑头做这件事。

做通老百姓的工作，每个村的理事，尤其是理事长，都起到了至关重要的作用。一方面，他们做这件事也没有什么报酬；另一方面，一旦接受了这份工作，弄不好就要得罪一些人。这需要一种奉献精神。没有一颗公心，一颗为了子孙后代的责任心，他是坚持不下去的。他要能吃得了亏、受得了气、出得了力。

在开展工作的过程中，出现过老爸老妈和媳妇不让这些理事会成员出门的，也出现过被村民骂，连村民的门都进不去的，甚至拿着刀追赶的。一户村民的工作要做通，有的甚至抓住一切能沟通的机会，沟通多达二十几次的。真的做不通了，就和他的孩子沟通，和他的女婿沟通，能想到和能用的办法，他们都用上了。

宅改工作，确实需要一种迎难而上的奉献精神。而且一旦宅改工作做好了，村上的村民至少是可以受益好几十年和受益几代人的。

6. 健全机制，完善制度

笔　者：县域宅改，你们是全国的典型，工作做得十分到位。然而，宅改并不是乡村发展工作的全部，更多是推动农村经济社会发展工作的一个重要抓手。对此，您怎么看？

宅改办：现在已经进入了宅改的第二阶段，叫作深化宅改。宅改工作，我们一直在路上。第一阶段的宅改目标，我们基本上是做到位了。所谓的"到位"主要体现在五个方面：一是退到位，二是收到位，三是归到位，四是管到位，五是用到位。具体来说，比如一户一宅的体现，建房面积的要求，老百姓申请建房的程序，相关制度机制的体系化建设等。

村庄拆过了，不能就一拆了之啊，宅改更像是整个村庄建设发展的一个抓手和统领，后来我们把宅改总结为"一改促六化"的余江样板和模式。

哪"六化"呢？农村发展现代化、基础设施标准化、公共服务均等化、村庄面貌靓丽化、转移人口市民化、农村治理规范化。这里面，"一改"是"六化"的前提和基础，"六化"是"一改"的方向和路径。

笔　者：关于余江县域宅改的制度、机制的体系化建设，这些年来，你们主要出台和制定了哪些政策、制度和办法呢？

宅改办：自第二轮深化宅改以来，我们不断完善和巩固了第一轮县域一级的23项制度机制，乡镇一级的11个运行办法，村组一级的9个制度办法。

在此基础上，围绕宅改的内容要求，我们出台了《鹰潭市余江区农村宅基地资格权管理办法（试行）》《余江区开展农村闲置宅基地和闲置农房盘活利用工作实施方案》《关于非集体经济组织成员合法农房宅改拆除后的处理指导意见》《《鹰潭市余江区农村农民建房管理办法（暂行）》完善及相关问题处理工作调度会议纪要》《鹰潭市余江区农村宅基地制度改革试点工作档案规范化管理办法（暂行）》《鹰潭市余江区农村集体经济合作社选举办法》等9项新制度。

还有之前围绕宅改方案实施，制订的一些相关制度和办法，如《集体经济组织成员的认定办法及户的界定办法》《宅基地退出及流转办法》《农民建房管理审查细则》《宅基地分配方案》《村民事务理事会工作制度》《宅基地有偿使用办法》《进一步强化村民事务理事会对宅基地管理的权责》等。

围绕中办国办《深化农村宅基地制度改革试点方案》和农业农村部的《农村宅基地制度改革试点工作指引》，我们对标对表，将"9项任务"细化为27项60条具体任务，制定了余江深化宅改工作安排和任务清单。

围绕乡村治理，助力城乡服务高效便捷，我们制定了理事会权责清单，赋予了理事会12项权力清单和15项职责清单。梳理完善了"民事村办"45条、"村事民办"11条服务事项，打通了公共服务"最后一公里"。在我们余江区有一镇六村被评为了"全国乡村治理示范镇（村）"。

笔　　者： 在深化宅改的路上，你们制定了一套相关工作机制，其中"一个专班"抓到底、"一个主体"干到底、"一套机制"管到底，分别是什么意思，具体的工作中，还有哪些难题？

宅改办： "一个专班"是指宅改办专班。县乡换届后，迅速调整了宅改领导小组，由区委书记、区长为双组长，区委抽调了18名基层经验丰富、理论水平较高的年轻优秀干部，组建了新的宅改专班队伍。其中正科级干部 6 名，副科级干部 7 名，平均年龄 35 岁。在原有宅改工作制度机制不变的情况下，活力更足，战斗力更强。

"一个主体"是指"村民事务理事会"这个主体。在第一轮宅改中，村民事务理事会发挥了巨大作用。在第二轮深化宅改中，我们将继续保持和发扬这一做法，并不断强化理事会队伍建设，进一步发挥村民自治的作用。

"一套机制"是指余江区宅改办的工作推进机制，即每天汇总全区各地宅改情况并进行通报；每周对各地宅改情况进行打分评比，对连续两周垫底的乡镇党委书记，由区主要领导进行约谈；每月组织各乡镇主要领导召开调度会、现场观摩会；每季度召开一次区四套班子领导牵头的一次现场大巡察。

目前存在的问题主要有五个方面：一是发挥宅基地经济属性还不够，二是配套政策跟进不及时，三是阻碍城乡资源要素自由流动的壁垒仍然存在，四是探索宅基地资格权认定还有难度；五是把握放活宅基地使用权尺度还有难度。

7. 宅改中感人故事

笔　　者：余江宅改是新中国成立后的一次深度的乡村土地改革行动。七年多时间，余江宅改轰轰烈烈、浩浩荡荡，涌现出了许多可歌可泣的故事。请列举几个这样的典型人物，并分享一下他们的故事吧？

宅改办：城乡发展不均衡和乡村内部发展不平衡，这个发展矛盾已十分突出。从这个角度说，我们的余江宅改行动确实是人们对美好生活追求和向往的矛盾和解行动。下面主要从基层干部群众角度，分享一些关于他们的故事吧。

先从马荃镇岩前倪家村的倪建科说起。这个村是我们第一批 41 个宅改自然村中的一个。该村有一个 95 岁的老人，家里有两栋房子，老人住一栋，另一栋房子里存放着他的"寿棺"。按照宅改要求，他需要退出一栋。结果，无论怎么同他解释，老人就是不肯。

于是，倪建科就和老人在外的子女商量，老人的子女很通情达理。倪建科知道老人的顾虑是什么，按照农村风俗，人不入土，摆在家里的棺材是不能移动的。这个时候，理事会成员倪华明站了出来，同意将老人的棺材存放到自己家里。而且在移动老人的棺材那天，倪建科以当地最庄重的方式，棺材披红，鞭炮开路，将老人的棺材迎进了倪华明家中。对于理事会的这一做法，老人非常满意。

笔　者：这确实是一件令人非常触动的事。想要改变村民根深蒂固的认识，确实十分棘手。这个村后来的宅改工作，整体做得如何？

宅改办：很不错。最开始的时候，不少理事会成员思想上有很大的畏难情绪，觉得"你搞宅改要拆村民的房子，还要收群众的钱，这样怎么搞得下去呢？"他们都是村里宅改的骨干成员和主力军，他们若不能改变思想观念和认识，宅改肯定是无法推行下去的。

在倪建科的带领和反复组织学习下，大家渐渐理解了宅改的目的并非拆房子，也并非收钱，而是要节约集约利用土地，为的是子孙后代可以公平公正地利用宅基地。

理事会成员的思想认识到位了，倪家村的宅改工作就有了核心力量。尽管如此，想做通老百姓的工作，也并没有那么容易。有一户村民属于"一户多宅"户，尽管老房子已经破败不堪，但他始终不肯退出来。他觉得宅基地是自家的祖业，不能随便让人拿走。因为这件事，每次见到倪建科，他都会破口大骂。

被反对宅改的村民辱骂，给宅改工作人员各种脸色，这种情况都是常人难以忍受的。然而，这样的事情在我们基层宅改工作人员那里，早已是家常便饭。在余江宅改中，除了承担最难工作的村民事务理事会成员，每个村的新乡贤在其中也发挥了巨大作用。

笔　者： 负责宅改的基层工作人员确实太不容易了，他们的这些遭遇都是常人忍受不了的。对于他们，我们区里有没有召开过表彰大会呢？

宅改办： 有的。2015—2019年，搞了好几批表彰大会。基本上每年都会举办一次这样的表彰活动。比如，2018年2月23日，余江县委县政府发布了一份表彰决定，对2017年度的先进集体和优秀个人进行表彰。这一年的表彰共有18项，其中潢溪镇渡口村沙塘组、平定乡蓝田村宋家组、杨溪乡江背村水口组、洪湖乡苏家村上胡组等十个理事会，获得了"十佳村民理事会"称号。

邓埠镇三宋村瓦瑶组倪元军、洪湖乡苏家村中苏组苏河龙、平定乡沙溪村张家组张志辉、杨溪乡杨溪村牌塘组陈金明、平定乡洪桥村鲁王组鲁东海、黄庄乡沙湾村肖家组肖来发等18人，获得"优秀村民事务理事会理事长"称号。

鹰潭市东投美亚置业有限公司总经理叶水清、鹰潭市世宏光学有限公司总经理吴四红、新疆鹰潭商会会长祝荣明、江西保太有色金属集团有限公司董事长兼总裁彭保太等8人，获得"最美乡贤"称号。

笔　者： 不仅推动了宅改工作，在整个乡村发展过程中，也是一支不容忽视的力量。那么，他们在帮助村上引资引智，协助理事会工作等方面，主要起到了哪些推动和促进作用呢？

宅改办： 他们在外面闯荡多年，有见识、有眼界、有经济头脑、有捕捉机会的意识，能更深刻地理解我们的改革政策，对村民的行为有很强的带动和影响作用。

我们余江区一直在积极推动，让新乡贤加入村民事务理事会，并让其担任理事长、理事。这样，一方面可以增强乡贤的集体观念，保持新乡贤与村"两委"、村小组之间的联系，提高他们为家乡谋福利的责任感与使命感；另一方面，也使得他们能够切实参与到村内事务的治理中来。

比如平定乡蓝田宋家村的宋和红，在威海从事眼镜批发生意，从小吃百家饭长大，成年后事业有成，对家乡有着一种念念不忘的深情。蓝田宋家村开始宅改后，他积极参与村里建设，不仅协助村干部制定宅改制度、大力宣传宅改，还捐款96万元，建设村文化活动中心和感恩广场。

中童镇坂上潘家村也是第一批试点村，村上情况比较复杂，派系斗争严重，理事长迟迟选不出来。潘良胜1980年去新疆从摆地摊卖眼镜开始，一步步将生意做大。经村里老干部提议，村民一致同意，邀请他回村担任理事长。

最开始时他也很为难，但村民的信任让他备受感动，凭着一股"宁做理事长不当董事长"的精神，他放下了在新疆的生意，做了村上的理事长。他带头垫资15万元用于家乡建设，在他们的带动下，村民非常配合他们理事会的工作，仅用3天时间，就将全村48栋危旧房、猪牛栏、露天厕所等拆了约1.4万平方米。

在乡村干宅改工作，不仅需要有一套县乡村"三位一体"的工作机制——权能赋到位、资产确权到位、过程管控到位，还需要有深刻的认识——充分发挥村民的主体性作用，让村"两委"、村民事务理事会、新乡贤等，在村庄的宅基地改革、乡村的经济社会发展中，成为自治的主角。

（三）强化内力，引入外力

宅基地问题是阻碍村庄发展的制度性梗阻难题，是深化农村发展改革的深水区。早在 2015 年之前就在全国展开试点的县域农村宅基地制度改革的举措，是乡村经济社会发展的重要内在支撑，也是推动习近平新时代中国特色社会主义集体乡村实现全面振兴的重要抓手。

从宅基地制度改革的广度、深度，以及内在制度机制的系统化建立健全，尤其是一届接着一届干的长效机制方面，鹰潭市余江区的县域宅改工作成果，都足以让其扛起"余江精神"的第四面旗帜，乃至全国宅基地改革标杆的大旗。

从余江区县域宅改的实施过程看，其所构建起的宅改办组织架构与保障，推进流程与任务清单，自上而下的"县乡（镇）村组"四级主体的协同联动工作机制，还有村民事务理事会在宅改中主导作用的发挥，无疑都是余江宅改取得阶段性成功的密钥。

若从乡村振兴发展和城乡融合示范的角度看，尤其是从县域发展的三个体系，即生产体系、经营体系、产业体系的建立、巩固和完善看，余江宅改依然面临着需要进一步深化和突破的发展难题——如何解决县域乡村发展投入资金不足的问题，县域乡村资源资产入市交易的市场体系化建设问题，市场主体和社会服务组织参与力量不足的问题，村集体经济组织收益的市场化力量薄弱问题等。余江区在深化宅改过程中，和全国其他地区一样，面临资金、交易平台等问题。

1. 解决好钱从哪儿来

县域宅基地改革推进的难易程度，同该县域所处的空间位置是一种正相关的关系。例如，同样是宅基地改革试点的北京大兴区，其村民退出宅基地后，据说村建设用地市场活化的价格竟每亩平均高达 1800 万元。也就是说，非国内沿海经济发达地区，或一线省会城市周边地区，其县域宅基地制度改革，往往都会面临资金投入不足和市场活化不易的难题。

在第一个阶段的工作中，余江宅改也存在资金不足的问题，如村民有偿退出资金的缺乏，宅基地拆除过程中建筑垃圾清运资金的不足。这两个问题，一方面会导致村民退出的积极性受挫，另一方面也会给县域财政造成很大的压力。遵义市湄潭县也是宅基地改革试点县，而在其深化改革的路上，同样面临着投入资金不足和土地资源市场价值不高的困惑。

在经济欠发达地区搞农村宅改，投入资金不足的问题，应该如何破解呢？除了可以统筹的政策资金和专项债以外，通过温铁军教授"两山经济、三级市场"理论模型，发展县域乡村资源资产数字化金融，是一条值得探索的道路。

另外，亦可以通过进一步完善农村集体资产，还有村民以委托的形式，让村集体拥有的村民资源资产的市场经营权，以权能担保、抵押的方式，获得国家相关金融机构授信及发展生态乡村的长期低息贷款，也是一个值得探索的方向。

此外，还可以根据余江区所拥有的资源生态优势，通过搭建碳汇交易市场平台等手段，实现乡村数字化建设向乡村数字产业化的跃升。

关于这方面，相关研究机构、产业化服务平台及各个地方，已经走在了先行探索与创新发展的路上，如河南产业互联网研究院、宁德的福鼎市、厦门的同安区等。在这方面的突破上，鹰潭市余江区显然更具有扎实的宅改成果优势，还有多年累积的相对完善的制度机制的系统化优势。

2. 建立县域产权交易平台

早在 2017 年 6 月 12 日，余江县就已经实现了首宗村集体经营性建设用地的入市成交。该宗土地入市交易的平台为余江公共资源交易中心。此宗土地的入市成功交易，标志着余江县利用农村土地资产，获得了乡村发展资本的一条实现途径。截至 2018 年 12 月，余江区共实现 8 宗村集体经营性建设用地入市，土地出让面积为 92.81 亩，总成交价为 566 万元。

2022 年 4 月底，余江区共盘活利用闲置农房和宅基地 1088 宗。其中，有农房改造利用，并由村集体经营管理的模式；有村民利用闲置资金，以"置业合作社"的形式，在村集体经营性建设用地上建设村民住房和租赁用房兼具的开发模式；有利用闲置宅基地进行项目异地和就地入股的村集体分红模式；有古民居集体收回与修复，然后再加研学拓展的发展模式。

然而，作为县域全覆盖，并以宅改为统领，"三块地"改革同步推进的余江区，在七年多的深化改革过程中，所集约节约出来的村土地资源，尽管在分布上有些分散，但是总量的积累相比来说却是相当庞大的。怎样在保障村民建房用地的基础上，充分释放村庄发展用地的市场价值，高效并普遍性地实现价格的市场发现，让市场在资源配置中起到决定性作用，这恰是余江区政府考虑建设一个专业性的县域农村产权交易平台的价值和意义所在。

政府行政的领导与统筹力量，村民事务理事会的主体性力量。这两股力量的自上而下和从下至上的联合与融合，是余江在第一个阶段的宅改中，取得骄人成绩的重要驱动力量。在深化宅改和发展城乡融合的第二阶段，怎样增大与激发市场的力量，让更多市场主体参与其中，从而实现余江县域城乡双轮驱动，这或是值得重视的一个创新点。

3. 建立健全村集体经济组织

全国开展农村集体产权制度改革，是在明晰产权归属，完善各项权能的前提下，对建立符合市场经济要求的农村集体经济运营新机制的一次探索。当前，大多数村庄都成立了村集体经济合作社，由于可用于经营性的集体资源资产数量太少，村庄所成立的村集体经济合作社大多处在一种未能运行或低效运行的状态。

建立健全一个可运行的村集体经济组织，是实现村集体经济壮大的前提。

在壮大农村集体经济方面，余江区对区域内乡村集体经济的发展目标，是要确保 2022 年每一个行政村集体经营性收入超 20 万元。这是一个小任务，也是一个大目标。所谓"小任务"是 20 万元的经营性收入。从余江区宅改试点完成的质量角度看，这个任务定的并不算高。然而，从村集体经济组织角度看，这个"小任务"在他们那里，可能会变成一个"大目标"。

站在村集体经济组织角度看：村域内可用于经营的资源资产具体都有哪些？村集体经济组织可提供的产品和服务都有哪些？村集体经济组织是否能够将村上闲置和低效使用的资源资产的市场经营权统一起来，并成立村集体股份经济合作社？这些问题的突破，是提高和实现村集体经济组织可运行的关键。

接下来需要考虑的是：村集体经济组织通过什么办法和方式，才能将统合起来的资源资产进行活化？资源资产的交易价格，对于村集体经济组织而言是否公平合理？扣除资源资产的使用成本和其他相关成本后，其经营性收入能否确保达到 20 万元的长期可持续性呢？

以上这些问题，皆为完成余江区委、区政府要求的村集体经济发展目标，需要面对和破解的现实性问题。

4. 加大市场和社会参与力量

村级组织是乡村发展的主导性力量，肩负着乡村社会发展和经济发展的双重职能。当前，对于多数村级组织而言，存在着治权虚置和服务供给能力不足的普遍性发展难题。其中的原因，主要是由村集体经济发展乏力和村集体经济组织市场能力缺失所导致的。

造成这一问题的历史经纬，十分复杂。对于余江区的一百多个行政村和上千个自然村而言，如何抓住新的历史机遇，并有效与尽快补上这一能力的短板，是继宅改工作中起到了主要作用的村民事务理事会之后，在发展壮大村集体经济路上，需要考虑的另一项重要工作。同时，这也是强化乡村治理的一项重要内容。

通过吸引市场服务主体和乡村社会化服务主体力量的介入，是倒逼乡村构建治理新体系的加速器和助推器。只有随着这两股力量的介入，乡村产业发展的能力才能得到有效提升。

当前的乡村发展，缺少的是能够将基于乡村发展的规划、设计落地，并推动村庄实现有效有序运营的市场团队。关于这方面，浙江已于两年前正式启动了招募乡村运营师的行动，北京也于2021年年底启动了"百师进百村计划"。在这方面的创新上，余江区乡村振兴发展亦需要迎头赶上。

须注意的是，在乡村发展某个特定的阶段内，承担和扮演着乡村运营师作用的社会与市场服务主体，不同于资源入市后，所招引的进行乡村产业投资的市场主体。这里的主体，是指那些能够与村级组织进行配合的主体，其所构建的是一种治理与运营相互协同的市场主体。

5. 经验产品化，培训产业化

在"三块地"改革的交易与培训市场上，位于四川省成都市郫都区战旗村的四川战旗乡村振兴培训学院，是市场化经营名列前茅的一所学校。每年来自全国的、到战旗村调研考察和参与学习的领导和基层干部，最多时居然达到了十几万人。

俨然,四川战旗乡村振兴培训学院已经成为"三块地"改革的一个市场品牌。其品牌的核心内容主要由三部分组成:一是村集体经营性建设用地入市的市场影响力,二是以村集体经营性建设用地入市为核心所展开和系统研发的一系列相关课程和所聚集起的一批相关的师资团队,三是与四川乡村振兴发展明星村之间形成了一种联动机制和数条研学路线。

把自己的经验进行标准化与产品化,然后再与掌握不同实战经验的师资进行合作,形成一套属于自己的独特课程培训体系。对于自身未能实现和市场影响力不足,且为培训内容所必需的课程,就主动与区域内其他村主体形成利益捆绑。如今的战旗村,从增加村集体经济组织收入角度来讲,教育培训已成为战旗乡村产业发展的一个重要支撑。

鉴于战旗村"让经验成为产品,让培训成为产业"的操作,再结合余江宅改全域覆盖的探索实际,相比来说,余江宅改及其他相关方面的实践与探索,在"经验产品化和培训产业化"的操作空间上,无论是操作流程的规范性和系统性方面,还是培训案例样本的丰富性、多样性方面,都拥有自身更鲜明的市场优势。

五 资源入市

四川省成都市双流区白塔村

对话·肖道全

肖道全，2001年走上农村基层领导干部岗位。现任双流区黄水镇白塔社区党委书记、居委会主任。他坚持党建引领，深入实施乡村振兴战略，推进农商文旅融合发展，大力发展精品民宿、果蔬采摘、农事体验、文化创意等特色产业，实现集体经济发展壮大、村民增收渠道多元，昔日的空壳村变身文旅景区。

白塔村位于双流区黄水镇牧马山腹地,其所在村域是四川蚕丛王开国建都之地,也是瞿上城古蜀农耕文化发祥地。白塔村毗邻空港花田、熊猫国际家园等重大项目开发地,距离双流机场仅10公里,具有乡村发展所需的区位和文化优势。

近五六年来,白塔村为了壮大农村集体经济,统一了民心,进行了村域资源再集体;抓住改革新机遇,土地综合整治建新居;村级组织带头,村资源市场对价、产业招引。这些事情是怎么做的?我们来寻找答案。

2020年6月,经过三次合村并居之后,成立白塔社区。目前域内面积为5.31平方公里,辖10个居民小组,9个安置小区,社区党委下设4个支部(白塔支部、瞿上支部、燕子支部、曾家店支部),共计2215户,常住人口达9396人。2020年,居民人均可支配年收入4万元,社区集体年收入1000万元左右。

现在的白塔社区,域内有中小学、幼儿园、福利院等10余家单位和机构,农贸市场和便民市场各有一家,农家乐10余家,精品主题民宿1家,社区经营户190多家。假日经济正在成为白塔社区社会经济发展的新增长点。2020年,到白塔社区观光、休闲、旅游的游客,粗略统计约为50万人次。

（一）联合起来有多难

20世纪八九十年代，白塔村的集体经济一点也不弱，有集体砖厂、油厂、餐厅、煤厂、面粉厂等，集体企业非常多。在那个乡镇企业异军突起的年代，这里有集体企业和个体户所形成的初级市场经济，虽生长条件有些苛刻，但生命力却十分旺盛。包括现在的白塔社区党委书记肖道全，那时也正积极布局着自己的饲料销售网络。

2001年，肖道全正式接手白塔村的时候，村上的集体企业已经基本处在一个瘫痪的状态。用肖道全的话说，村上搞得好的企业一个都没有，而且承包出去的集体企业，不少至今连承包费都没有收上来。他说："至今我们集体的账上，还有十几万的承包费没有收上来。比如原来的砖厂，现在还有9.8万元的承包费没有给齐。"2001年，白塔村的集体经济收入连200元的现金都拿不出来，村集体赊账加起来居然有20多万元。

不过，那时的白塔村经过几年的发展，村民们已经从过去的茅草房住进了砖瓦房或带有烟囱的新房。这在当时还算是可以的，不过后来这样的房子也有些赶不上趟了。村民对自家的住房质量要求越来越高，是因为他们心中一直装着一个美好的期待。

20世纪90年代开始，当地政府已将该地纳入新的开发区的发展计划，并为此成立了牧马山管理委员会专门综合统筹这片地区的开发。为了区域综合发展，当地政府及时出台了限制当地村民乱搭私建住宅的政策。

结果，二十多年过去了，老百姓的娃娃都娶妻生子也有了娃娃，开发区也没有发展起来，好项目一个也没有招引进来。于是，自然也就没有腾退拆迁和解决当地百姓的城镇化问题。2016年，在各种期待与抱怨声中，白塔村的百姓终于看到了曙光。

至于牧马山管理委员会，据说在2010年时被合并了，不再负责这里的开发。这方面的开发权利，被转移到了区县一级的人民政府和当时的国土局，也就是现在的自规局（自然资源局和规划局），具体负责这一片的开发。

1. 机会要靠自己去争取

把民心统一起来，然后再把村域资源组织起来，最后按照"小组微生"的规划和发展要求，为白塔村争取一个"再集体、建新居"的土地综合整治名额，是白塔村干部和村民心中的集体意志和渴望。他们深知，在过去十几年中，已经错失了太多的发展机会。

2006年开始的社会主义新村建设，白塔村没有赶上。当时成都市主要是通过土地增减挂钩的方式推进这项工作。在这一进程中，双流区前后进行了几次社会主义新农村建设。在那个"造城运动"大发展时期，为了统筹城乡综合用地，主要是地方政府进行包揽，通过拆一批和安置一批的方式向前推进。

2014—2015年，社会主义新农村建设有了一个新的提法，叫"幸福美丽新村"。当时成都市利用城乡统筹和制度的相关改革政策，探索出一种叫作"小挂"的农村产权制度改革路径。什么是"小挂"？就是村集体在所在村域腾退出来的建设用地，不用再把指标"飞走"，去满足城市发展对建设用地的需求，而是用在其所在镇域内搞产业发展。

对于这项新的改革探索，双流区于2015年时就开始申报了。当时双流区申报了6个村，启动了两个村。2016年下半年，整个腾退和新居安置工作就完成了。村民通过抓阄，已经分房住进了新居。

这一次白塔村选择了主动出击，并积极做了申报。幸运的是，这一次双流区把腾退安置建新居的试点，给到了白塔村。瞿上新村腾退安置建新居工程，也拉开了营建帷幕。

2. 最难的工作，最简单的方法

腾退安置建新居，这不是农村土地综合整治的最主要目的。如何明晰村集体资源资产产权关系，并在产权归属清晰、分配与保障机制相对完备的情况下，实现村域资源在市场上公平合理对价才是土地整治的目的。

这是一件不得不做的事，也是最难做的事。无论资源对价也好，壮大集体经济也罢，建立村集体股份经济合作社，或成立村集体资产管理公司，都是活化村资源资产必须要做，且必须做好的工作。

从新中国成立至今，70多年间，随着乡村的发展演进，村民所占有的生产和生活资料已出现了各种不同程度的多寡不均现象。

在这样一种现状下，当2016年白塔村成为此次的双流区试点后，如何清产核资、摸清家底、界定好身份，进行合理的折股量化，从而实现产权明晰，可以进行市场对价的村集体股份经济合作社，是白塔村首先要完成的工作。在这个阶段，对最难的工作，白塔村的做法相对要简单很多。党委书记肖道全说："这方面，我们村做得比较好。不管你人多还是人少，不管你宅基地多还是少，我们只认人。村上所有的建设用地的所有权都是集体的，不是你个人的。必须要由村集体统一来操作，我们首先把这个态度先明确了。"

这是一个棘手的难题。在村民眼中，宅基地就是自己的祖业，是党和国家分给他们的，并不是村集体的。

在当时，白塔村村民更在意的，是房子的所有权和财产权。至于房屋下面的地是谁的，白塔村的很多村民，知道房屋下面的地并不是自己的。

之所以这件事在白塔村变得容易，主要同村民对这件事的理解和认同有关。另外，白塔村村民的集体意识相对要强一些。大家约定好，等以后集约出来的村集体经营性建设用地市场对价后，大家按照相应的分配机制再一起分。

（二）凝心聚力，整合资源

村资源，尤其是村建用地资源，能不能入市和要不要入市，关键要看村民生存权和发展权之间的平衡关系。白塔村村民在面对这个问题时，同样有顾虑。村民和村集体经济组织之所以能达成共识，主要还是对村集体带头人肖道全秉着一颗公心为村民做事的信任。在得到村民的配合后，白塔村利用村上的建设用地和其他资源资产，从双流区政府和金融机构获得了两笔启动资金。而通过第一宗 20 余亩的村建用地入市，其不仅实现了村庄的产业招引，而且还获得了一笔 2000 多万元的村发展资金。

1. 土地腾退的顾虑和约定

笔　者： 在腾退安置建新居的推进工作中，老百姓有没有顾虑？你们是如何做的？

肖道全： 机会难得，大家也都很珍惜这次机会。不过当时我们村的老百姓也有一个普遍性的顾虑和担心：等我们把土地腾退出来后，要是万一集约出来的地对价不出去，或不值钱，那该怎么办呢？

为了消除老百姓的顾虑，经我们村"两委"向上级反馈，当地政府就出台了专门针对这个问题的一个政策。政策规定，如果我们村腾退出来的村集体经营性建设用地无法实现市场对价，政府土地平台公司就以每亩

50万元的价格进行收储。

对我们来说，这就像一把尚方宝剑，有了政府的政策支持，村民的工作就好做多了。我们这里的老百姓还是非常相信政府的。另外，有了政府的信用背书，我们就可以按这个最低价格标准到银行去贷款了。贷多少，需要多少，我们需要好好算一算账，比如腾退安置需要花多少钱，要赔老百姓多少等。

笔　者： 腾退安置建新居是一个特别烦琐过程，也特别花钱。这么大一笔资金，当时你们做这件事的钱是从哪里来的？

肖道全： 钱的来源主要有三个渠道：一是政府补的，二是从银行贷的，三是村民拿的。当时我们社区的一个村一共集约了212亩村集体建设用地，大多数社员都参与了进来，大约有175户530多人。当时经过测算与统计，大约只需要拿出52亩村集体建设用地就可以完成新居安置。

除去52亩，剩下来的村集体建设用地大约还有160亩地。这个账我们是算得出来的，按照剩余160亩地、每亩50万元的市场估价，那就是8000万元。用这块建设用地到银行做抵押，再加上政府的信用背书，那会我们可以从银行贷出6000万元。事实上，最后我们只贷了4800万元，并没有贷出那么多。因为银行的贷款是有利息的。不到6个点，虽然不高，但也不少。根据当时的资金使用情况，需要用多少钱，就贷多少钱。

当时双流区还有一个政策，就是参与进来一个人，补助2万元，其中1万元补助的是基础设施建设，还有1万元补助的是村容村貌建设，就是村庄外观要统一。我们村上有500多人，共有1000多万元的补助。另外，双流区还有一个鼓励性政策，即村上启动一个项目的安置点，政府还会补助50万元。当时我们是两个安置点，加在一起有100万元。

村里的百姓也算过一笔账：建好的新居，每人按35平方米的标准，用原来的院落和房屋置换，不用给村里钱；那些参与拆迁的村民的房子，也不给老百姓钱。这叫资源资产的"互换"。当时每人是按 50 平方米分配新居面积，超出的 15 平方米，每平方米按 1200 元的超低价支付。最后，所有房屋营造成本，加上我的环评和绿化，每平方米合计 2300 多元。

笔　者：除了上面提到的资金来源，还有其他资金进账的渠道的吗？比如产业先期引入的工商企业下乡的社会资金？

肖道全：当时这方面的资金还没有。不过还有一笔额度挺大的资金。这笔资金的来源是怎么一回事呢？当时政府要修一条路，这条路正巧横穿了我们的村庄，占了 38 户村民的地，总面积 40 多亩。

占了这么一大块地，政府总要给一个安置说法。当时政府建议我们村"两委"先把那 38 户村民的安置房先建好。当时我们心里在打鼓：如果我们把新居建好了，到时候老百姓又不满意，甚至找事，那我们不就傻眼了嘛。

结果证明我们当时想多了。当老百姓看了我们的新居安置房后，喜欢得不得了，说必须也要给他们也修那种一模一样的安置房。

政府占了村集体的地，我们也要求给一些补偿。最后，政府部门开了一个协调会，以每亩地 50 万元、按村集体经营性建设用地的资源标的属性，给修路占的 40 多亩的建设用地收储了，总赔付 2000 多万元。

当时村里一共有 175 户村民参与了这件事。安置房建好后，具体怎么分呢？经大家集体商量一致同意通过"抓阄"决定。至于谁和谁分到一组抓阄，当时根据村上农户的情况，我们以户为标准，分别建了五种类型的房子。大家按分组情况通过抓阄，抓到哪个区域的房子就选那个地方住。

因为整个村子并不大，距离大家原来耕种的田地也并不太远，所以分房的事，整体还是特别顺利和愉快的。

2. 第一宗地的入市准备

笔　者：新居安置后还剩下 118 亩建设用地，你们怎样处理这些建设用地？

肖道全：我们村集体经济组织要先把属于老百姓的一家一户的确权证，也就是那个"小本"收回来。然后以村集体经济组织的名义，再统一确权一次，也就是把土地的使用权确权到我们村集体经济组织。简单地说，就是把农户的"证"，变成我们村集体经济组织的"证"。安置新居的那 50 多亩地验收完以后，剩下的地需要先办理"小本换大本"的手续，才能将建设用地进行产业和商业的招引。

小本变大本、小证变大证、小农户变大集体，这是一个村域资源资产的市场经营权再集中和权属变更的一个"三变"逻辑。当时，我重新到当地自规局进行了确权，把 60 亩宅基地确定为村集体建设用地的产权。这样的话，产权归属明晰之后，我们就可以到成都农交所进行产权交易了。

笔　者：小证变大证、资源再集体。在进行产业引入之前，你们是否需要做一个关于村域产业发展的整体规划呢？

肖道全：必须要做村庄规划和产业规划，而且这个规划还必须要通过双流区的规委会（城市规划委员会）。规划通过了以后，节余出来的村集体建设用地指标才能落地。白塔村的规划是 2019 年报上去的，正式通过是 2020 年。应该说，村庄规划和产业规划通过相当难。由于我们村是蚕丛王农耕文明发源地，有着特殊的农耕文化符号价值，必须保护好村容村貌。因此，在村庄营建方面，包括材料的使用，还有产业发展，都有明确要求和限制。至于如何发展乡村产业，我们只能以文化教育为中心，做乡村文创、度假康养，发展休闲、娱乐、旅游产业。

村庄怎么做发展布局，除了依法依规外，政府还要进行规划空间的管控，你不能想怎么规划就怎么规划。规划管控、用途管制、行政许可、政策指引，作为村集体带头人，思想必须要讲政治，做事必须要守规矩。

笔　　者：白塔村第一宗村集体经营性建设用地的入市，是如何操作的？

肖道全：2020年，村集体经济组织流转了两宗经营性建设用地。通过和老百姓开会后评估决议，同意将这两块地入市流转。价格评估完了以后，才能去产权交易平台。而上产权交易平台进行鉴证交易之前，竞拍方的产业规划还要再经过一次双流区规委会评估和审核。

在经过区规划委员会审核通过之后，还要再上报区土地管理委员会。区土地管理委员会通过了之后，区自然资源局和规划局会根据区土地管理委员会的会议纪要，出一份蓝线图。最后，超过三分之二以上的村集体经济组织成员同意了，才能到成都农村产权交易所挂牌。也只有在这个时候，竞拍方才能在产权交易所参与产业招标竞拍。

白塔村的第一宗村集体经营性建设用地的入市，大致经历了这么一个程序和流程。当时入市交易的有两块地，总面积共25.43亩。其中一宗地的市场评估价是每亩103万元，另一宗地每亩104万元。最后这两块地的成交额是2600多万元。入市成功后，我们村集体经济组织给农交所缴纳了20万元的土地交易鉴证平台服务费。

当时我们是以村委会的名义在农交所挂的牌，招标成功签订协议后，中标方把钱直接打到了成都市农交所，然后再由成都市农交所转入村集体账目上。这一点，我们双流区和郫都区还不一样，没有再缴纳一笔土地调剂金和其他相关税费。

笔　　者：中标方中标后，他们准备用这两块地，在村上发展什么产业呢？目前进展到了哪一步？

肖道全： 中标方是培训学校。中标后，他们准备在村里做文创产业，建一个培训基地。有了培训学校，我们村上的人气就不缺了。他们这个基地可以容纳 2000 多个学生，还有 200 多名老师。

2000 多个学生，就会带动 2000 多个家庭的潜在消费。其实不要说 2000 人，就算是只有 1000 人，也能在很大程度上拉动我们这个地方的消费了。只要村域生态、村落风貌、乡风民风搞得好，相关配套到位、服务设施齐备，他们的父母、朋友就会来我们这个地方消费。

3. 能力决定行动力

笔　者： 经营村庄和活化资源是不少村集体经济组织能力的短板。白塔村村干部在这方面能力如何？

肖道全： 在能力方面，我们的村"两委"干部是没有问题的。现在村上剩余的集体建设用地还有 90 亩，其中有 32 亩是不能动的。因为我们村的旁边是一个熊猫国际家园，这个地是留给他们以后用的。

那么一大块资源不能用，会影响村里发展的。当时，双流区政府成立了一个基金池，并计划通过各方统筹到那个资金池里的资金，整体推动区域经济发展。我们村因为有这块地的缘故，村干部经过一番努力，从那个基金池里借了 4400 万元。

我们用这些钱还了之前建新居欠银行的 4000 多万元的贷款。银行贷款是有利息的，一年下来也不是一个小数目。至于村上从区基金池借的那笔钱怎么还，那要等这块建设用地将来按照市场交易价格，实现了对价交易以后，才能再去平那个账。

扣除这 32 亩地，村集体还剩下 58 亩的建设用地。我预计到 2022 年年底的时候，这些地应该就能入市交易了。其中，有一个做农庄的老板想在村里搞一家乡村酒店，还有一个工商企业想在这里建一所幼儿园。最令我期待的，是一个在成都开医院的老板，想在村里建一个康养修复基地……

等这些产业陆续进来了，我们需要重新调整和规划，在村域内适合搞建设的地方再规划出 58 亩建设用地。如此，利用原来复垦的建设用地指标，我们就可以在村域内实现增减平衡了。这方面，我们村是跑在很多村庄前面的。所以说，我们村"两委"干部的能力还是不弱的。

笔　者：“合作建房”的事情可以在白塔村践行吗？

肖道全：无论是让外来人员和我们村合作建房，还是想成为参与集体收益分配的新村民；不管是想和村里搞"大联建"，还是"小联建"，这件事在白塔村都是搞不成的。尽管现在都在讲城乡融合，让人的要素实现双向有序流动，都说人的要素是第一的。这种说法我是不赞同的。

在双流区，这种做法目前还没有先例。现在如果来村里休闲游玩是可以的，以后有了乡村酒店、民宿，在我们这里临时住、长期租房住都可以。但是，从法律和程序意义上，成为村里的新村民，目前应该还不行。

想买村里的房子是不可以的，村里的房子是不允许买卖的。如果是私下交易，那也是没有法律保障的。

无论是村集体成员娶进门的媳妇，还有招进来的上门女婿，都是不享有村集体经济组织成员收益分配权的。不过，他们的孩子，如果户口落在了我们的村集体经济组织，是可以享有这个权益的。

笔　者：成都西部片区是"11 个国家城乡融合发展试验区"名单中的一个。您如何理解其中的"建立健全人才加入乡村制度，允许符合条件的返乡创业就业人员在原籍或就业创业地落户"政策呢？

肖道全：在我们所在地的城镇落户是没的问题的，在村上落户难度太大。比如说，我们村一块 400 平方米的建设用地，无论是以买地的形式，还是以村集经济体组织合作建房的形式，只是项目上的合作，不能说在村里合作建房了，就是村里的人，就有权享有村集体的财产性收益分配。这个是不可以的。

其他地方是怎么做的，我还不太清楚。我们这个地方的老百姓，还是把土地看得很重的。2009年村集体产权制度改革之后，村集体经济组织成员就固化了，几乎是不变的。去世的人就减去，新出生的人就加上。

除此之外，任何人想加入进来，都是不能参与村集体土地和相关产权的收益分配的。参与经营可以，但不太可能成为村集体经济组织成员中的一员。如果要成为村集体经济组织的成员，对其他村民来讲，就相当于从他身上割了一块肉，他们自然是反对的。

上门女婿和嫁进来的媳妇是不能享有集体成员分配权的。随着人的生老病死，这个矛盾会慢慢凸显出来。个别村民因为不满这个约定，就去上访。让村民表决，他们肯定还是不同意的多。

这个问题村"两委"是这么考虑的：无论是村里女婿还是媳妇，肯定是在他（她）的原户籍地分有土地的，他们人可以过来，户口可以不用搬过来。他们的孩子是在我们这个地方出生的，不给他们孩子的土地，孩子就一辈子没有土地了啊。

如果是城市市民嫁过来，确实有些吃亏。当时确权办证的时候，有一个说法，城镇居民嫁到村里可以，但户口不能落到村里，也不能参与村集体收益分配。这是我们的村规民约，写在村自治章程里。

4. 激活村庄洼地，增加村集体经济收入

笔　者：白塔村的一个项目被成都市评为了"十大川西林盘年度消费新场景"，能介绍一下这个项目吗？

肖道全： 在积极探索河长制、河长治的过程中，我们对村域内 40 多亩内洼地进行了生态改造。为了充分利用好县域职能部门的相关政策，我们向市水务局争取了 30 万元资金。对于项目的启动来说，这笔资金起到了雪中送炭的作用。

为将那片洼地打造成一个开放式的文旅场景地，也就是后来的"优地之家"，我们通过各方关系吸引进来了 350 万元的社会资金参与。村民对这件事的积极性很高，也投进来了 30 多万元的股金。

"优地之家"主要发展的是夜间经济和假日经济，每日游客接待人次可达 300 多人。一些村民依托村落的生态和自家院落的散居特点，就地取"财"，搞起了庭院餐饮、家庭民宿等旅居休闲服务产品。2021 年 6 月，其中的"帅家院子"还被成都市评为"十大川西林盘年度消费新场景"。

我们曾算过一笔账，如果依托良好生态环境，利用这块洼地进行商业开发，修建占地两三亩的别墅，不仅要一次性投入几千万，而且后续的发展也很难产生持续收益。而去发展中高端产业项目，如康养产业、民宿产业、教育产业、文创产业等，就可以每年获得一个稳定的持续性收益。

笔　者： 可以介绍一下村集体经济组织里专业合作社的项目情况吗？

肖道全： 可以。目前村集体经济组织的专业合作社有两个项目：一个是共享超市，另一个是牧山香梨合作社。

共享超市是 2020 年 11 月成立的，由双流区供销社和白塔村股份经济合作联合社、农民合作社，按照"共建、共管、共享"理念全资设立。入社社员每股 500 元，超市按相关章程规定进行分配，暂留 5% 利润作为合作社的发展资金，60% 作为消费积分（积分多则分配多）奖励，返还给居民，35% 作为分红资金进行分配。

牧山香梨合作社是一个国家级示范合作社。我们依托这个资源优势，按照"支部 + 合作社 + 农户"模式，在白塔社区党委领导下，组织会员规模化种植牧山香梨 300 亩、胭脂脆桃 50 亩、台湾矮柚 40 亩、有机葡萄 30 亩。这套内在组织架构和运行机制，同山东烟台的党支部领办合作社相似。

通过利用观光农业和休闲农业的鲜果采摘、精品定制、农事体验等营销方式，这个合作社共实现产值 600 多万元，人均增收超 4000 元。不仅发展和壮大了集体经济，还促进了村民增收渠道的多元化。

笔　　者：白塔社区在进行整体运营方面有哪些经验和做法呢？

肖道全：这个要从成立"瞿上新村土地股份合作社"讲起。我们通过组织村集体"户代表"外出实地考察学习的办法，将新村参与户的全部成员成功地吸引了进来。2018 年，这个合作社每年以每亩 600 斤大米作为保底，成功收储了村集体经济组织成员土地 1000 余亩。

完成了农地收储后，我们再通过对外产业招商，每年以每亩 800 斤大米的条件，将这些农地发包、流转出去。通过每亩 200 斤大米差价的收益，增加村集体收入。村集体收入主要用在了两个方面：一是作为合作社抵御市场风险的资金，二是为村庄硬件建设提供相关配套设施服务。

如今，我们的合作社已实现了年收益 50 万元。通过把村域农地流转给农民合作社和农业公司，村集体经济组织不仅实现了农业种植规模化，还为周边村的农户带来技术指导帮扶。

如何盘活现有资源资产，增加村集体经济组织收入？我们内部也曾讨论过。如采取市场化运作的方式，组建集体收购公司以及物管公司，盘活经营性资产和资源性资产；如闲置的集体建设用地和闲置安置房，通过承包、租赁、入股等形式，增加村集体经济组织的收入；还有村上的停车场、整个村庄内的商业管理和物业服务等，也是增加村集体经济组织收入的途径。对此，我们村集体商量过几次，目前还没有一个具体可行的落地方案。

5. 党建引领，不断完善乡村治理

笔　者：在乡村治理方面，白塔社区不仅能力得到了市场化锻炼，而且发展方向把握的也十分正确。请问你们是如何做到的呢？

肖道全：方向不偏的秘诀，主要在于党建引领。多年来，我们一直在建立健全并不断完善白塔社区党委、社区党支部、党小组三级网格。白塔社区党委主要负责总揽社区的发展治理工作；下设的四个党支部，负责党建工作落实；党小组负责联系社区党员，积极参与社区发展治理。

白塔社区设立了党员示范岗制度，并推行党员干部承诺上墙，广泛开展社区党员"亮身份、亮承诺、亮作风"活动，带动党员干部转作风、优服务，多渠道提升社区干部和党员实施乡村振兴、社区发展治理能力。

我们还在瞿上新村建立了党群工作站和新时代文明实践站。为提升便民服务，我们打造了集党员群众活动室、志愿者办公场所、便民阅读、共享空间、休闲服务等党群服务综合体。其也承担着主动对接瞿上新村农商文旅体项目，为游客提供景区安全、交通、应急管理等一站式的发展服务任务。

村民刚搬进新村时，小区出现过乱扔垃圾、圈地种菜、物业费收缴难等现象。对于这种情况，我们广泛收集群众意愿，对闲置的 5 亩土地进行整理，划分出 39 块微菜地，打造共享菜地。按照"志愿服务时长优先、文明家庭优先、物业费足额缴纳优先"等条件，对报名群众进行筛选，商议制定菜园规划、菜园公约，建立栽培管理和积分进退机制。

自实施共享菜地以来，社区的物业费缴纳由不足 65% 提高到了 95%，小区不文明现象也开始明显减少。

笔　者：白塔社区在乡村文化建设方面做了哪些工作？

肖道全：近年来，我们一直在探索以党建引领为抓手，构建一套白塔社区文化营建体系，按照"业兴、家富、人和、村美"的要求，将"四好村"创建与新村文化建设紧密结合，以党建为引领，以群众参与、自治赋权的形式，实现新村的稳定、祥和、文明的良好村貌。

另外，白塔社区的瞿上新村是一个没有围墙的安置区。为加强新村治理，我们坚持社会治理和社区治理"双线融合"，将新村全部纳入天网工程，并建立了"镇—社区—新村—院落"治理网格，发动党员干部群众担任新村网格员，调解村民纠纷、动态监察新村治安，以确保群众小事不出社区，民事不出村。

在新村文化建设方面，我们建设了社区文化活动室、村史馆、文化院坝、文化长廊等，常态化开展文艺表演、家风传承、全民阅读等群众性活动，让公共文化服务惠及新村的每个角落。倡导居民饮水思源、不忘初心，崇德、向善、自律、进取；营造"对自己负责、对邻里友善、对社区关心"的社区生活氛围。

（三）入市是起步，再集体是征途

人人都为己，谁能来兴村？村集体经济组织不能创收，拿什么发展村集体经济？壮大农村集体经济是乡村发展绕不过的一件事，也是最难做的一件事。

让能够代表村民利益的村民自治组织，即村集体经济组织和村"两委"，在村庄发展中发挥核心作用，必须要以村民为主体。若不能充分体现村民的主体地位，就很难壮大村集体经济组织，村干部也很难树立威信。

目前，大多数村集体经济组织自身的能力和动力有问题。这些问题主要表现在两个方面：一是村干部提高村集体经济组织增收的创富能力不足，二是村集体带头人和村集体经济组织成员"多公心少私心"的主观能动性较差，村干部为村民服务的意愿不强。

只有全心全意为村民服务，并不断增加村集体的创收能力、分配能力和服务供给能力，村级组织才能在号召力、组织力、公信力方面，重新赢得民心，占领村民的心智高地。

1. 再集体是资源活化的前提

对一些条件具足的村庄，资源能不能被活化是村庄发展的重中之重。资源活化，就是利用村庄闲置和低效使用的资源，进行产业导入、人才招引，并在这个过程中，使这些资源通过市场配置的手段对价出去，变成真金白银。

让资源对价市场，并实现市场变现，就是资源活化。问题是，谁来当这个资源对价的市场出让方和交易收益的主体呢？村民、村民小组、村"两委"，还是新乡贤？能够实现对价交易的那个主体，目前看似乎有点形形色色。

农民的生产资料和生活资料是其生存的保障性权益，长期以来是不允许入市交易的。事实上，围绕农村可交易的"三块地"制度改革，若交易主体不是村集体经济组织，一般情况下，各种已达成交易的行为，多是不受法律保护的。甚至可以说，其交易的行为本身，就是不合法的。

如何让交易变得可能，如何让交易变得合法，这是一个比交易本身更需要重视的事情。而当下不少问题主要就出在对交易的可能性，及其是否合法的认知上。代表全体村民利益的农村集体经济组织，只有力量足够强大，才可能实现资源活化的交易行为；只有足够强大的村集体经济组织，才能成为资源对价的交易主体，交易的合法性才能变得更有保障。

要让村集体经济组织成为资源交易的主体，首先需要实现和完成村域资源资产再集体化，把分给村集体经济组织成员的生产和生活资料，以及村民拥有的产权，按照有偿自愿的原则，进行资源资产再组织和再集体。而资源再集体是一个过程，很难一蹴而就。

再集体是资源活化的前提。民心不凝聚，人心得不到组织，村集体经济组织的向心力和公信力得不到恢复，想要把资源组织起来，将会变得异常困难。

村集体经济组织和村"两委"在村民心中的向心力和公信力，决定了村域资源能在多大程度上被组织起来，能不能组织起来。而这件事之所以在白塔村变得如此简单和容易，从侧面也反映出了白塔村的村集体经济组织和村"两委"在村民心中的凝聚力和公信力。

2. 再分配是凝聚民心的前提

再集体是资源活化的前提，而让资源再集体，需要恢复村集体经济组织的向心力和公信力，提高村集体经济组织凝聚民心的能力。从操作层面上合理分配集体的收益，帮助村集体经济组织找到凝聚民心的有效抓手。

再建一套符合新时代村庄发展要求的、并体现以村集体经济组织为分配主体的分配机制，在资源被允许活化和实现了资源市场对价后，能够避免村集体经济组织和村民之间，不会出现因分配不公而造成的各种矛盾。

想要把分散在村民手中的资源，还有属于村民的资产组织起来，村集体经济组织须先建立一套资源活化后的利益分配机制。事实上，多数村集体经济组织是不具备这种能力的。其很难在资源再组织前，建立一套公平合理的分配机制；也很难在民心没有凝聚起来的基础上，协商并得到村民的认可。

关于如何建立一套村集体经济组织的利益分配机制，白塔村同样也面临着需要进一步探索的空间。比如，白塔村入市交易的第一宗村集体经营性建设用地，25亩土地入市交易后，白塔村的村集体经济组织获得了2600万元的资源活化收入。对于这笔收入，村民需要按照什么比例进行分配，简单说就是这笔钱村民每户能分得多少，这个分配权应由谁来定？这不是哪个人能说了算的。因为最终的分配方式和分配比例，需要由全体村民进行商议，或之前已经有了集体议定的处理办法。在这方面，白塔村并未建章立制，形成更深层次的细化办法。

其实，无论分也好，不分也罢，关键是对这笔钱，下一步村集体经济组织到底要怎么去使用，主要用在哪些方面。比如，这笔钱在分配过程中，是否分给村民小组？村庄发展的公积金、公益金有没有提留？村公共服务和基础配套要用多少钱？

以上这些问题皆属于资源活化后收益再分配的范畴。至于这套分配机制应该如何设计，其应根据每个村不同的发展情况，具体问题具体分析。如此才能精准施策，建立一套与其村庄相符合，并与其发展相适应的分配制度。

3. 再合作是运营提质的前提

村集体带头人要有较强的市场能力，还要有一颗愿意为村民服务的公心。这样的村庄在壮大农村集体经济方面，是有先天优势的。笔者在与肖道全书记对话中，问道"在资源运营中，有没有感觉到自身和村集体经济组织能力是否存在不足的问题"，就是这个原因。

市场能力不足，是大多数村集体经济组织所面临的发展困境。如何解决这个问题？谁能解决这个问题呢？

要破解这个难题，找到对的市场服务主体进行再合作，就变得必不可少。这有点像浙江以政府的名义，帮助村集体经济组织从市场上招募职业经理人和乡村运营合伙人。而具体的合作费用与成本，暂时由政府来承担。

能力足够的市场主体，以协同者的身份帮助村庄实现资源对价，从而实现村集体经济组织的壮大。在这个过程中，有一个十分重要的关键节点：双方需要厘清运营主体和治理主体之间关系。这是村集体经济组织与市场服务主体进行顺利合作的基础，也是村庄整体运营提质的前提。

对于想介入村庄发展的市场服务主体而言，积极切入村庄资源活化，并通过技术手段和操作方法，协同村集体经济组织弥补其市场能力不足的短板，帮助其进行产业运营和管理服务。这些是服务乡村振兴运营的各方主体迫切需要做的事。目前这也是一个服务空白点。

4. 再市场是资源对价的前提

2021年年底，白塔社区的瞿上新村还剩58亩村集体经营性建设用地没有入市交易。尽管还没有入市，但带着各种想法登门与村集体经济组织沟通的商家与企业已络绎不绝。这足以说明，那58亩土地的市场需求是强劲的，被活化也不是什么难题。

关于白塔社区58亩建设用地入市的最大问题，主要集中在"每亩以多少钱成交"而已。这有点像父母替待出嫁的姑娘挑女婿。姑娘不愁嫁，关键只在嫁给哪个未来女婿，对自家姑娘的幸福最划算。

现实中，笔者所遇到的不少村集体带头人，大多没有肖道全书记那样的好运气。其面临的困境是：村上的资源有许多，就是招引不来能相中他们那个地方的工商企业和产业资本方。关于如何做产业招商，这常常是许多村集体带头人望眼欲穿和翘首以待的。

没有投资商，找不到合适的投资商，是大多数承担着资源对价市场的村集体带头人最苦恼的事。在这样一种心境下，村集体经济组织"贱卖"村域资源资产也就显得不足为奇了。这种能力上的短板，可能也是大多数村集体带头人的困惑所在、苦恼所在。

对此，我们很难苛责他们。他们本身就存在市场能力和经验不足的劣势。我们不能强求村集体经济组织及村集体带头人有多大能量，更不能奢望其在市场的大潮中能翻云覆雨、乘风破浪。

关于资源对价市场的服务体系建设，及资源标的价格体系建设，这是资源对价再市场的前提。关于这方面，目前国内各种级别的农村产权交易市场的服务体系建设，及相关机制的健全是存在明显不足的。

帮助村上进行资源交易品种分类，搭建可交易资源的交易价格体系，乃至引导村资源交易主体向农村集体经济组织集中。这是各级农村产权流转交易平台和各种乡村发展服务商要考虑和该去做的事情，同时也是地方遵从中央要求，大力推进农村产权制度改革要做的事。

5. 再保障是留下"民心"的前提

发展乡村，村民利益要保障，村集体经济组织利益也需要保障。同时不应该被忽略的是，介入村庄发展的各种形式的市场主体，如下乡搞产业、做商业、做服务的工商企业、返乡创客，包括想融入乡村的新村民，他们的权益也是需要给予充分保障的。

村主体的利益与外来市场主体的利益，尽管两者之间存在利益的博弈，然而在双方利益关系的妥协与平衡中，村运营平台主体，要依法依规制定相应的规章制度，充分保障外来市场主体应该享有的相关权益。

建立与新时代农村发展要求相一致的市场规则和制度体系，是资源活化程度和活化质量高低的基础，也是确保资源活化后各方权益安全的前提。同时，这也是不同利益主体之间，各美其美、美美与共的制度性保障。

契约精神的建立、村规民约的议定、村自治章程的完善、公序良俗的遵从，是建立农村新的治理体系的主要组成内容。伴随这种关系的沉淀，一种能够展现乡村气质和性格的乡风文明底蕴才能在时间中被浸润出来。

更生态化的村域环境，更特色鲜明的村落风貌，更彰显个性的民居院落，更能满足不同群体居住需求的房屋空间设计，更具魅力的软乡村社会伦理关系，这种"五位一体"的村庄空间伦理秩序，无论对进来的新村民还是离开的老村民，都将产生一种让人能够把心留下的魔力。这种魔力，恰是体现村庄价值的核心所在。

从这个意义上讲，资源再集体只是壮大集体经济的起步，而村内各级分配机制的再完善，才是确保资源能够允许被对价的制度保障。至于村域资源市场价值发现的平台建设和产业招引，以及产业持续迭代过程中的整村运营，更像是提升村庄治理水平的一块磨刀石。而需要磨砺的，主要是多方权益能够获得保障的程度。

在村庄的自身发展中，只有建立健全了这套保障服务体系，城乡之间人的要素的双向有序流动，才会变成现实，并触手可及。同时，乡村发展也只有到了这个阶段，城乡融合的双方要素价值对等交换才能被充分体现出来。

六 融村行动

四川省成都市郫都区秦家庙村

对话·高超

　　高超，乡村振兴案例创新实践者与探索者，有近二十年商业文旅地产策划经验，十余年乡村产业项目操盘工作经历。专注于农村集体经济要素与市场机制配置，是愿乡融城乡新村民模式的探路者。目前主要专注于秦家庙村新村民融村计划的整体推进与落地实施。

2020年1月16日，成都市人民政府信息公开平台上发布一条资讯：实施新村民融村，探索乡村人才振兴新模式。在这之前的十年里，愿乡团队一直围绕新村民融村计划，探索城乡人的双向流动的解决方案。

从2020年年初开始，愿乡公司启动了以秦家庙村为起点的新村民融村计划实践探索，正式以"允许村集体经济组织外部成员（新村民），通过资格审定、乡村投资、乡村服务等方式获得宅基地资格权、使用权、集体分配权的新村民融村试点"。

秦家庙村位于成都市郫都区三道堰镇郫彭公路边上，是个村道四通八达、交通十分便捷的村庄。2020年，秦家庙村由青塔村和原秦家庙村合并而成，村域面积约5平方公里。之前的秦家庙村是一个名不见经传的小村。未来的秦家庙村在融村行动后会怎样呢？

（一）探索一条发展新路径

愿乡公司——一家位于成都市郫都区的村镇产业运营服务商，曾参与了四川首宗村集体经营性建设用地入市挂拍，成功开发了战旗村五季香境项目、惠里美食街；与古堰社区、青杠树村集体共同成立了运营平台公司，并长期服务于农村集体经济发展。

选择秦家庙村落地新村民融村计划，愿乡公司主要有两个方面的考虑：一是秦家庙村位于郫都区三道堰镇，二是秦家庙村作为一个后发优势村已经有了两个兴村支撑点。

为什么选择三道堰镇的秦家庙村？因为三道堰镇是成都平原上的两河并流之地，是已有一千多年历史的水乡古镇，素有古蜀水乡之称，是历史上有名的水陆码头和商贸之地。2014年4月29日，三道堰镇被批准成为国家AAAA级旅游景区，被誉为"西部最美水乡"。在这个不足20平方公里的镇内，居然有两个国家AAAA级景区。而这两个国家AAAA级景区的荣誉里也有着愿乡团队的一份贡献与汗水。

三道堰镇辖3个社区和7个村，其中的秦家庙村是三道堰镇各村中距离郫都城区最近的村，不到10分钟车程。为了实现将秦家庙村建成新时代乡村振兴典范的发展总目标，2018年年初，秦家庙村已经开始与其他五村连片新村建设项目；赵家院子产业新居建设已于2019年11月完工，该项目总安置村民约100户。在2019年的时候，愿乡团队与村"两委"干部达成共识，围绕如何实现人才振兴、产业振兴，推动组织振兴，展开了新村民融村行动。

1. 搭建新村民融村平台

新村民融村改革之于秦家庙村的社会经济发展，可有助于壮大农村集体经济，为秦家庙村的人才振兴发展增添人才活力的作用。然而，从立足于客观实际的角度出发，该服务项目应该如何落地，事情应该如何推进呢？这对愿乡团队是一次考验，对当地政府是否敢于突破固有制度束缚也是一次考验。

为了探索新的人才引育模式，愿乡公司旗下的四川迈高旅游公司在镇领导的支持下，与秦家庙村村级组织，经村民大会表决通过，签订了新村民融村实施方案，并搭建了双方运营与治理协作分工的机制。目前，围绕"平台公司 + 村集体经济组织"的新村民融村合作架构已搭建完成。

在愿乡团队的融村服务指导下，村集体成立了评审机构、新村民领导工作小组和相关融村服务平台。

目前愿乡团队已协同秦家庙村的村集体经济组织，完成了23亩多的村闲置林盘腾退，并已完成专家园和产业园的设计、前期施工建设与部分院落的封顶工作。其中的产业园占地13.8亩，专家园占地9.2亩。专家园产业新居用地，除一户未在本村居住的村民没有沟通好之外，剩余的已全部腾清并打围。

2. 融村方案的编制

秦家庙村的融村行动必须要强化顶层设计，在思想和认知的深度上进行突破。相比建产业新居，把新村民融村的改革实施路径想清楚、想明白、落扎实，才是核心。为了项目的实施落地，在愿乡团队的服务下，村上分别成立了新村民融村工作专门委员会、新村民融村资格评审小组，还编制及修订完善了《秦家庙村新村民融村计划》《秦家庙融村新村民资格认定办法》和《秦家庙村民委员会自治章程》等文件。

这些工作的完成，不过是秦家庙村融村行动中一系列纸质文件中的冰山一角。从新村民的融入角度看，还应编写《新村民申请程序说明书》《新村民融村申请材料汇编》《审核机构工作办法》《新村民融村资格评审办法》《新村民融村表决程序》《表决公示程序与内容》《新村民资格证颁证程序》《集体土地有偿使用协议》《新村民融村服务协议》《新村民经营权委托协议》《新村民招募工作机制》《新村民融村管理服务机制》《新村民退出机制》等。

新村民融村改革试点是一个双向互融的模式，既然有融进机制与服务体系，就有相对应的退出机制与服务体系。围绕老村民退出，愿乡团队已编制出的相关文件有《老村民经营权退出方式说明书》《老村民集体分配权退出内容说明书》《老村民宅基地使用权退出方式说明书》《老村民退出补偿与利益分享机制》《老村民退出资源管理办法》《老村民退出资源利用方式》等。

城市可以把乡村最优秀和有能力的人才吸引过去，乡村也需要吸引来自城市的优秀人才。这是城乡的人的要素双向价值对等流动。围绕新村民融入和老村民退出，愿乡团队历时两年时间，制定了一系列新村民融入和老村民退出方案。

（二）新老村民，有序流动

实现"人"这个最核心要素的城乡双向有序流动，是城乡融合发展的重点。秦家庙村的融村行动实践探索，主要是围绕新村民的融入和老村民的退出所展开的。要实现这方面的突破，首先要解决的问题是：寻找到一条城乡融合理念的实践路径，制定一套新村民融入村集体的工作流程，建立一个新村民融入和老村民退出的双重保障机制，持续提升村级治理能力和不断完善村民自治章程。

1. 新村民融入，老村民退出

笔　　者：请问新村民融村行动和愿乡融城乡之间是一种什么关系？

高　　超：新村民融村行动是愿乡融城乡的一个重要组成部分。就秦家庙村的案例而言，重点落地的是新村民融村服务板块，目前还未过多涉及"老村民融城""融入与退出关系与结构平衡服务体系方案"等整个城乡人员流动的服务内容。

因此，在秦家庙村的案例上，我们对外重点突出的是新村民融村。这是由项目落地所在村的具体情况决定的。

不过，伴随秦家庙村项目的逐渐深入，就会有序过渡到"愿乡融城乡"的整个服务体系上来。随着新村民部分资格权的获得，如何为新村民的资源投入和相关财产权益提供更有效的保障，将会成为重中之重。

有了融入保障作后盾，新村民才放心。反过来，老村民资源退出，也要充分给老村民提供相对等的融退保障，一定不能让村民在这个过程中吃亏。

围绕这个原则，为融入和退出的双方都提供行之有效的机制和保障，是一次以村集体经济组织为支撑点的城乡互融机制和双重保障体制服务的创新。

笔　者：目前人才下乡和新村民融入乡村的最大问题是什么呢？

高　超：从政府和乡村角度来看，他们更感兴趣的还是招商引资搞产业。这样做，无论对乡村发展的拉动还是增加村集体和村民收入，都有着立竿见影的效果。然而，问题是他们把钱投到乡村图的是什么呢？有没有前途，风险大不大，这些都是问题。

所以，我认为人才的流动不能只是自己一厢情愿、千方百计地只盯着招商、投资和产业。要把巢筑好，还要把凤凰引来，投资和产业就会变成一件自然而然的事情。这里的"巢"是指什么？就是机制和保障。没有能够真正吸引产业资本的机制和保障，"凤凰"是不会来的。

我们总不能招引一些只是打着做产业的幌子，私底下只会钻政策空子和投机取巧的工商资本下乡吧。

因此，还是要把专注点放在"人才"这个最核心要素上。让人的要素充分并有效流动起来。对于秦家庙村的新村民融村行动，招募到对的人，并给予其相关投入形成的权益以确保充分的制度保障，能够把这点做好，比什么都重要。当然，我们也知道，想把这个做好，涉及乡村治理深度改革的问题，是非常难的。

笔　者：对于城乡要素双向有序流动，应该如何理解？

高　超：2019年12月19日，国家发展和改革委员会、中央农村工作领导小组办公室、农业农村部、公安部等十八部门联合印发《国家城乡融合发展试验区改革方案》，并公布11个国家城乡融合发展试验区名单。

该方案中，在"试验任务"部分，可先行先试的"第一个任务"原文表述如下："建立城乡有序流动的人口迁徙制度。全面放开放宽除个别超大城市外的城市落户限制，健全农业转移人口市民化成本分担机制。建立人才加入乡村制度，允许符合条件的返乡就业创业人员在原籍地或就业创业地落户。"

而所谓城乡要素有序流动中的"要素"，主要是指劳动力（人）、土地、资本、技术、信息等生产要素。其中，"人"作为最核心要素，在城乡双向流动中，一直存在各种制度性梗阻。

秦家庙村新村民融村行动，围绕新村民融入做的一系列流程、机制和相关门槛，就是为了预防出现无序现象。而我们为了新村民融入向村集体经济组织提供的一系列相关创意产品和保障服务，就是确保给融入的新村民一颗定心丸。

笔　者：人的要素双向有序流动，老村民退出应该是最难的吧？

高　超：是的。每一个背井离乡的村民，大家天南海北去到哪儿的都有。即便他们想融城做新市民，各自的诉求也会不一样。

基于各自不同原因，有人想融入一线城市，有人只想在其所在地市做新市民，有的人只想有保障性住房和收入，有的老人去世后希望子女继承父母在村集体的权益。

因此，每个家庭的融城动机和原因都是不一样的。村集体经济组织所能做的，就是根据有条件融城的村民退出的资源，通过村内做好对价市场的方式，给村民争取更多的融城资金保障和村集体更多盈余。老村民退出需要村集体经济组织承担起组织义务，即在帮助村民融城的同时，确保融城新市民是他的真实意愿和工作生活需要，而不仅仅是为了获得一笔退出补偿金。

因此，需要强调村集体经济组织做老村民退出的时候，不能把不具备城市生活能力的家庭送入城市。

2. 融村流程和融入类型

笔　者：秦家庙村新村民融村有哪些标准？具体融入的程序是怎样的？

高　超：新村民融村是一个过程，不是一句话就能定的事。既然是融村，就要根据本村的发展需要和想要引入的人才、产业和服务设定标准与门槛。当有了已形成文字且较为规范的标准和门槛后，还有一个融入程序的问题。这个要根据村民自治章程，依法依规地设计程序，并编制好相应流程机制规范和文本资料。

融入流程具体可分五个阶段：一是根据提供的申请程序说明和申请资料，填写融村申请；二是新村民融村领导工作小组对新村民融村资料进行初审，以初步判断哪些人符合融村要求；三是经过一段时间的驻村服务，对符合要求的新村民，通过村民代表大会进行表决通过；四是对表决通过的新村民名单进行公示；最后一个环节是签订融村协议，并由村委会或村级组织向新村民颁发新村民资格证书。

为确保新村民融村的顺利推进，除了需要把新村民融村过程中需要的流程、机制及相应文本资料设计与编写好，还要围绕新村民的责权利，制定相关融村协议、服务协议和管理细则，如《集体土地有偿使用协议》《新村民融村服务协议》《新村民经营权委托协议》等。

也就是说，由村委会或村级组织颁发给新村民的资格证，是愿乡公司的新村民融村行动之一。

笔　者：新村民获得了新村民资格证书后，要不要给村上交钱，钱交给谁？

高　超：首先我要强调的是，肯定是有偿的，但这不是重点。

重点是，通过新村民融村这件事，可以推动村庄闲置资源的活化，实现村庄产业发展、组织和人才振兴。对于秦家庙村的新村民融村探索，这才是它的价值意义所在。

为了有效推动新村民融村，我们将新村民做了四个类型的划分，分别为：荣誉新村民、产业新村民、生活新村民和田园新村民。

荣誉新村民是指能为村庄发展提供智力支持的人才，扮演着秦家庙村乡村振兴发展顾问的角色。产业新村民是指那些希望在秦家庙村投资做乡村产业的人。我们建的产业型的乡村院子就是为他们营建的。而专家院的主要服务对象是生活新村民（以生活为主，希望长期居住在乡村的外来村民）。我们这里所说的专家，主要是指拥有如医疗、体育、文艺、教育等技能的人或机构。这部分人会很少，但却是未来更有含金量的新乡贤。田园新村民主要是指固定、长期购买村上的农特产品，或租村上的一小块地、几分田，平时空闲时自种，或请村民代种，以购买放心的绿色生态农产品为主的市民和企业。

不同的新村民有不同的融村需求，而不同的需求应有与其需求相对应的新村民类型。在秦家庙村，其村委会或村级组织会根据愿乡团队提供的服务，与不同类型的新村民签订不同的《新村民融村协议》。

无论是村上的农副产品，还是正在营建的产业和专家院子，新村民都是需要有偿使用的。只是相比之前的乡村产业发展，我们的新村民融村行动探索，更突出了村委会或村级组织的作用，有了更精准的人才和产业招引与管理，更有效的村民权利释放和情感联结。

3. 老村民退出的保障机制

笔　者：老村民退出是要让村上的原住民退出农地和自家房屋院落吗？权益和资产是全退还是部分退出？什么人能退出、什么人不能退出？

高　超：老村民退出是和新村民进入相对应的关系。

有新村民融入，也会有老村民退出。对一些资源条件好的村庄，想融进来的人自然就多，想退出去的人自然也不会太多。对那些条件特别不好的村庄，不一定会有人愿意进来。这些地方可能要以退出为主，增加村民的人均资产占有量，可能需要政策性和市场性资金结合才能完成。

老村民退出到底"退出"什么呢？愿乡团队在秦家庙村践行与探索的融村行动，既有新村民融村成为新村民，也有老村民融城成为新市民。这里的"退出"主要是指村民退出对农地的承包经营权、宅基地和院落房屋的资格权、使用权和财产权。

另外，经过对村集体经济组织成员资格权的权利分解，可以退出的权益包括村民资格权的部分权益，如选举权、被选举权、监督权。不过集体财产收益分配权，还有相关的保障和福利等，是需要慎之又慎的，因为那些权益本质是村民的生存权和发展权。

至于谁能退，谁不能退，具体怎么退，是全退还是部分退，关于这些问题，愿乡团队在秦家庙村新村民融村服务项目中都有相关文字性说明。对那些符合退出条件的老村民，在具体退出过程中主要遵循的原则是自愿自主、公平有偿。

笔　者： 老村民退出村集体经济组织成员的资格权后，村级组织对他们主要有哪些保障机制？

高　超： 资格权下面有实实在在的权益，村民最看重的，是生产资料和生活资料的权益。这些权益对那些有能力且已融入城市的村民，可能已没那么重要了。然而，对村内多数想融入城市，但还并不能短时间内完全融入城市的村民来说，这个权益将是其融城失败后或融城过程中遭遇风险的最后保障。

因此，对拥有村域治权的村级组织，要对老村民退出的安全性负有一定的责任。就是村级组织要对想退出的村民有一套甄别和预警机制，即对个别想退出但能力和家庭条件都不允许的农户，设置退出门槛和相应的建议预案，给予劝阻和引导。

对那些已经融城和有能力融城的村民，村集体可根据愿乡团队提供的服务，对其退出的资源和相关权益，根据专业评估和村内市场情况，给予其享有公平合理的价格保底补偿加溢价。有了这部分收益，对只是囿于资金压力而一时无法融城的一些村民，起到"助其一臂之力"的效果。

笔　者： 秦家庙村老村民融退分几种类型？

高　超： 老村民融退分为两种：一是退出村集体经济组织，成为新市民；二是只退出资源，或退出部分资源，其家庭并不想退出所在村的村集体经济组织。以第一种为主，兼顾第二种。因为秦家庙村的经济发展相对较好，村民富裕程度要高一些。

至于别的村需要怎样做，这个要因地因村而异，需要具体问题具体分析，因地制宜、精准施策。老村民退出的融退机制和具体应用方法，并不是一成不变的"万能药"。原则是不变的，要安全、有序、有益、共赢。

对于一些融城成本高和村域资源相对较好的村，为了提高村上资源的使用效率，增加村民的资产性收益，村级组织还可以通过建村上养老院和公租房的形式，节余出更多能够市场对价的经营性资源。

这样不仅能够壮大农村集体经济，还能让部分能力相对较弱的村民和失败的融城村民，不出村就能就地融城，享受到更多和城里人一样的福利和保障。

4. 新村民的另类探索

笔　者：新村民融村行动方案与你们之前做的那个民宿和新村民融村有关系吗？

高　超：新村民融村行动方案在2019年年初时就已和秦家庙村达成合作协议。围绕方案可行性、设计依据、落地方式、服务流程等，我们做了一年多的针对性服务工作。

在围绕人才振兴乡村实践探索过程中，当时我正在推进秦家庙村新村民融村工作，同时还在另一个村做了一些人才振兴的探索。

当时找到了一块占地不到5亩的闲置林盘。为了项目更顺利落地，我跟村上开出了两个条件：一是这件事必须要由村民代表大会决议通过，二是合作双方共同建立项目公司。

围绕如何与该村的村集体经济组织、村民展开更好合作，我们始终秉持着公平公开的原则，怀着不让村集体经济组织和村民吃亏的原则。尽管这个项目和新村民融村不太一样，我觉得也是对村民自治权利回归和治理能力强化的一次有益探索。

5. 融村是乡村治理的抓手

笔　者：你们在秦家庙村的新村民融村行动中，对完善村民自治和提升乡村治理方面，主要有哪些推动作用？

高　超：我们在秦家庙村做的这个服务项目，是以资源活化为出发点，围绕村资源更规范的有效对价做的一个服务升级。从根本上说，这也是通过市场运营的方式，帮助村级组织完善和强化其自治效能。

村级组织是村党组织领导下更好地为全体村民提供服务的一个组织。从村民中来到村民中去，全心全意为村民的需求和利益而服务，是村域内工作的核心。

乡村治理有效的标志是什么？一要让村庄社会经济获得全面发展，为村民创造更多的增收机会；二要加强村集体经济组织的市场能力建设，并在这个过程中充分利用村民自治，从维护村民利益的中心出发，加强村级组织治理能力提升。

笔　者：秦家庙村的新村民融村项目，在实际的工作中，具体是如何体现协同村级组织完善自治和提升治理的？

高　超：这是一个非常具体的问题，下面我结合我们的实际工作详细来说一说。

在具体的推进中，最难的不是流程怎么做，程序如何设计，服务与合作内容如何分工。第一个难点是要把做这件事的整个大逻辑想通想透，要确保大方向不能有任何问题。因为这是愿乡团队带有探索性的一个服务产品，主要突出的是地方政府对村级组织自治权利的尊重，是一个社会伦理问题。

为了研发出这款服务产品，愿乡团队从 2017 年开始，用了十几个人，花了四五年时间才基本把这件事搞定。

第二个难点是围绕整个融村流程的一系列各种文稿的编制。这是个细活，在每一个文稿的编制过程中，既要有详细的执行说明，还要有充分的法律法规依据。这是一个非常繁杂的工作，围绕新村民融村和老村民退出，仅各种说明书、相关协议、工作办法指南，我们团队结合秦家庙村的实际情况，前后大约编辑了有近百份文本和模板。

正因为有了这些文稿的支撑，才使得整个项目每一个环节的落地推进，都能做到有的放矢、有备而战。

而整个新村民融村行动工作，也正是因为有了我们团队的精心准备和精准赋能，才打消了村级组织在项目落地过程中的很多疑虑，提高了他们在组织和动员村民中的工作质量和效率。

同时通过落地实施融村行动这件事，也在很大程度上提高了秦家庙村的村级组织在村民心中的号召力和公信力。

笔　者：新村民融村，表面看融的是人，实则是融进村庄的新的发展机会。可以这样理解吗？

高　超：是的。新村民融村行动，是以人才招引和人才进村为切入点的。

通过一套规范的流程机制，让老村民不再把新村民当外来户看，而是让老村民把其当作自己人对待。如此，才能让新村民产生一种被接纳的归属感和荣誉感。他们的心在村里定了，村庄新的发展机会也就随之而来了。

在融村过程中，新村民想要成为真正意义上的村民，需要一个较长的融入时间。这种心理障碍的突破和相关权益的保障，需要愿乡团队为新村民在村上投资和做产业提供信心支撑。当村级组织、老村民、新村民三者的需求开始走在一起的时候，我相信很多看起来很难做成甚至无解的事情，就会变得容易很多、简单很多。

（三）行动前，一定要吃透四个词

新村民证只是一张纸，其本身并不能承载什么，但是乡村的人才振兴、产业振兴及乡村治理深度改革需要新村民的加入。愿乡团队在秦家庙村的新村民融村行动，主要体现在新村民资格权证的落地与服务上，如村庄闲置资源的要素激活、资格权的权益赋能，双方最关心的权益交易公平与对等。

检验新村民证含金量，需要遵从"市场、法律、治理、伦理"这四个词。让想下乡的市民进村，让能出去的村民退出。围绕城乡之间人的要素的双向有序流动，是实现城乡有效联结的基础。

传统农耕社会人口的流动性很弱。在传统思想和下乡创业时代机遇的双重影响下，更多人要进城与少数人想下乡的现象，才是当今城乡融合发展过程中要素双向流动的最大内生动能。

当今中国正处在农业人口向大中城市高度集中及人口空间结构大调整的新时代。如何破解人和其他要素实现城乡双向有序流动，是这个时代宏大的话题。而愿乡团队从一张"新村民证"入手，给予一套具有可操作性的解决城乡融合人才有序流动的方案。

1. 建立利益联结

城乡人员流动是一个经济问题，要用市场化的操作方法和手段才能有效推动。无论是哪一种人的流动，促使其能够流动起来的最大动力，是经济利益引导下的价值选择冲动。如果下乡利益极小风险极大，人的流动性及效率自然就低。反之，也是这个道理。

从秦家庙村新村民融村的实际情况分析，主要还是围绕"新村民证"

背后的权益展开的。哪些人可以退出村上的资源和资产？以一种什么方式退出？退出后能得到什么？所获得收益是否公平与合理？收益谁给？收益什么时候给？等等问题。

关于新村民融入需要解决的问题：什么样的新村民符合乡村产业发展的需要？提供哪些保障才能吸引到乡村发展需要的人才和产业？怎样运作才能使新村民在村上闲置资源的利用效益达到最高？

愿乡公司在遵照市场交易原则的基础和前提下，构建了一套与村庄相适应的资源对价市场服务体系。

如何实现城乡融合？基于市场的要素流动是行动的起点，也是基础。只有用市场化手段去有效配置资源，才能唤醒各种在乡村沉睡、闲置和低效使用的资源资产，才能促使并推动各利益关联方参与的积极性。

2. 做事不能踩红线

城乡要素流动的具体践行需要依法做事、依规而行，且只有基于法律的操作规范才是行动准绳。在乡村做事要有基于法律法规的意识和认知，做事不能抱着侥幸心理，投机取巧钻政策空子，做事更不能越红线、踩红线。

围绕新村民的融入与老村民的退出所构建的交易机制，是严格参照并依据《村民委员会组织法》《土地管理法》《土地管理法实施条例》《民法》《房屋登记管理办法》《最高人民法院的司法解释》《确定土地所有权和使用权的若干规定》，以及相关政策、条例和规定等制定出来的。

归集体所有的生产资料和生活资料是农民的保障性生存资料，长期以来执行的一直是限制和约束其流动的政策。相比耕地流转的松绑，党和国家对农村宅基地和集体经营性建设用地的流动性限制要更严格一些。目前，国家城乡融合试验区的 11 个不同省市正在根据不同的试验任务，在探索中践行着各自的城乡融合及要素有序流动的方法和模式。

在秦家庙村新村民融村的实践探索中，村民可通过退出村集体经济组织资源的方式获得经济补偿，或通过资源市场经营权委托村集体经济组织的方式，获得资源市场化经营收益和其他集体资源的收益。而愿乡团队的融村服务主要是依据相关法律法规，用市场化手段为这一目的的实现，提供相关流程标准设计、文本模板编制、自治章程修订、产业规划落地、产业人才招募等工作事项的赋能服务，并陪伴其长期成长。

3. 伦理是最高要求

伦理是指在处理人与人、人与社会相互关系时应遵循的道德和准则，包含着对人与人、人与社会之间关系处理中的行为规范。之于融村行动中需要遵循的伦理要求，既有在行动上基于法律层面的底线意识，更有确保乡村公序良俗的道德操守。

作为最小的行政治理单元，乡村是一个生产和生活资料归集体所有的自治主体。村集体经济组织成员所拥有的土地资源及相关权益，即包含了发展权，更是农民生存权的最低保障。新村民融村在某种意义上，亦可以理解为新村民的村集体经济组织成员资格权利的融入。

在融进与融退中，让部分有条件的老村民退出，让想进来的新村民融入，势必会发生老村民与新村民的权利变更。此过程，若是仅依从市场与法律的交易逻辑与准则，必然对村庄原有秩序造成冲击，引发人与人关系的震荡。

而所谓的伦理是最高要求，就是村级组织、地方政府及相关职能部门领导与服务主体、参与此事的市场协同主体，除了市场逻辑、法律准则等要求外，如何遵从社会主义集体乡村的正向社会伦理，让退出去的老村民和融入的新村民都能获得生存与发展的保障。

乡村振兴关键在人。人是最大生产力，也是兴村的核心。村民所拥有的村集体经济组织成员资格身份是一种权利名片，想要获得新村民资格权，可以用市场的手段解决，但必须以法律为规范。同时，更须在强化村庄治权和规范村庄治理的前提下，树立新时代中国特色社会主义集体乡村的价值观，即社会主义集体正向伦理。

当下的中国，伴随城市和工业的快速发展，促使乡村伦理关系和社会秩序正发生着深刻变化。例如，村落的空心化问题、留守村民的老龄化问题、熟人生人化的问题等。其中村域资源资产的闲置，还有生产资料低效使用，都是乡村巨变的舆论焦点。

秦家庙村的新村民融村行动，可谓是牵一发而动全身，并能一石激起千层浪。如果操作的方式方法没有遵从社会主义新乡土伦理要求，就会不可避免地搅动十分敏感的乡村最深层的社会问题。正是基于此，在进行新村民融村过程中，更要严格遵循伦理是最高要求的行为规范。

4. 重视村级组织

村级组织以村民自治为主体，是一个复杂的组织体系。作为村域资源所有权的主体和整个村域治权的主体，其治理能力和治理效率在过去二三十年里存在着严重的治权虚置和凝聚力下降的问题。

乡村振兴，治理有效是基础。这里的"有效"是指村级组织的治理效率和效能。村级组织只有治理有效率、有效能，村级组织在利用自身资源做市场对价交易时才能不吃亏，在面对工商资本下乡和返乡创客融村时才能体现出自身的主体地位，才能有章可循，不被工商资本诱之以利，不被人牵着鼻子走。

十几年前，榜仓小镇（化名）案例也是城乡统筹时代背景下的一次大胆尝试与探索。其操作重点也是引导人才下乡，在营建新村的过程中，退出去的老村民也得到了妥善安置。问题是，其忽略了村级组织和村民改善自己生产生活的主观能动性和主体地位。长此以往，极易滋生村级组织和村民"等靠要"的思想。村级组织是村域的资源所有权和治权的法定两权主体。因此，以农民为主体的乡村振兴，应让村集体组织成员成为主角。而从这个意义上说，秦家庙村新村民融村项目的最大亮点，就是充分尊重了村民自治主体的主导作用。

作为一家区域村镇产业运营服务商和乡村发展解决方案供应商，愿乡公司一直坚守着自己市场服务主体的定位，在依法依规服从党和政府的领导前提下，充分凸显村自治主体和全体村民在新村民融村过程中的主体作用，通过产品创新设计、流程机制服务赋能予村级组织，赋能予村镇治理能力的提升。从市场外来介入者的角度来看，这或许就是其对乡村伦理的最大遵从。

5. 构建新村民融入治理新体系

新村民融村需要建立新体系：一是构建新村民资格权体系，二是设计一套能够使其融入村集体经济组织成员之中的治理新体系。构建资格权体系，可以使新村民明白自己在村上需要履行哪些义务，可以享有哪些权利。通过村民部分政治权利释放的形式，给新村民开辟出一条加入村集体经济组织成员的通道，并保护其投入乡村的财产安全，为乡村发展留住最宝贵的人力资源。

现实中，新村民资格权体系的构建，是和村域资源对外释放的方式方法紧密相关的。例如，当一个村庄，以村集体经济组织所有成员的名义与一家农业龙头企业进行整村包地合作时，这是"多对一"形式的产权交易。这个村的土地资源只流转给了一家企业，类似这样的村庄，村级组织大多是没有构建新村民资格权体系条件的。

不过有两种类型的村庄，对构建村民资格权体系的需求会显得有些急迫：第一种类型是处在城乡接合部以租房为主的村庄，第二种类型是以租地为主且有"N"个农地流转市场主体的村庄。如果有第三种类型，就是两者兼而有之。

处在城乡接合部的村落，村民的资格权下所包含的各种权属，在分置交易的时候，情况就会变得错综复杂。如新市民下乡租房，属于租户与农户间的房屋租赁权交易；新农人下乡租地，属于租户和多户村民间的经营权流转交易；外来户和农户结对子，利用自家宅基地与市民合作建房共住，这里面所涉及权属关系就比以上两种复杂得多。

对那些允许村集体经营性建设用地入市交易的村庄，中标者多会利用村建用地做商业开发，然后再利用商铺、产业园、创意空间等做产业招引。新村民利用产业开发商所提供的房屋院落，长期工作和生活在村上。对于这种形式的外来户变新村民，村集体经济组织与新村民之间又有着怎样的权属关系呢？

例如：在福建的一个传统村落，有个典型的空心村，一个近 2000 人的村庄，住在村上的却只有二十几户。后来村上陆续来了一百多人租房，还投入大量资金改造房屋和院落。从资源交易关系上看，他们只不过是长期租户，并不是这里的村民。然而从村庄发展的角度看，他们似乎又是这里最大的兴村生力军。这个村庄的外来户，就与村上的集体经济组织之间存在一种权属关系不清的治理新问题。

外来户进村后，会与村民形成多种层次不同的权属交易关系。如果村级组织只是把进到村里的所有外来户，都当作外来租户看待，并只与其签署简单的资源资产租赁流转合同，不仅无法完善村庄的治理体系，还会因一些隐藏的权属关系，导致不同主体之间在履行各种权利与义务中产生冲突。

提升整个村域的发展潜力，预防和解决村内可能会出现的各种社会矛盾，为村庄的整体发展提供赋能服务，正是愿乡团队为秦家庙村新村民融村所做的事情。

七 陪伴服务

福建省厦门市海沧区洪塘赤土村

对话·魏涛 钟相

  魏涛，九七华夏文旅集团乡村运营中心总经理，厦门市一村一品评审组专家成员，福建省省级科技特派员，福建省首批乡村振兴咨询师，《厦门市乡村振兴试点示范村实践成果汇编》执行主编。曾任黑龙江省佳木斯市汤原县电子商务产业园副总经理。2020年，加入厦门市海沧区东孚街道洪塘赤土村项目组。

  钟相，九七华夏文旅集团乡村治理研究院产品研发专员，九七华夏（厦门）文化发展有限公司原乡村运营中心经理。2020年，以乡村运营师的身份加入厦门市海沧区东孚街道洪塘赤土村项目组，负责技术支持与产品研发。

这里曾是厦门市乡村环境最难整治的地方，村庄治理最差的地方，村发展最没有希望的地方。如今，这里却是厦门村庄治理成果最突出的地方，民心离党最近的地方，也是村域发展后劲最不可估量的地方……这里就是福建省厦门市海沧区洪塘赤土村。

厦门市海沧区洪塘赤土村坐落于国家 AAAA 级旅游景区天竺山森林公园的脚下，曾是洪塘村发展垫底的一个村民小组。在这个最不好搞的村子里，如今却干出了最出人意料的成绩。从 2020 年 3 月至 2022 年 4 月的两年间，清华海峡研究院两岸文旅与乡村振兴中心团队，一直在以陪伴式乡村运营服务的方式，赋能并服务于此。

陪伴服务是一套系统性的村域服务体系，大致分三个部分：一是协助村级组织改变家风、民风、乡风，帮村级组织聚民心，让乡村和谐有序发展；二是协助村集体组织建立相关分配与保障机制，发展壮大集体经济，让乡村富起来；三是协助村集体经营管理能力成长，提升村资源与村产业发展质量，让乡村强起来。

我们将其称为"九七陪伴乡村三部曲"。自上而下从县域着眼提供乡村振兴系统性解决方案，这是清华海峡研究院两岸文旅与乡村振兴中心做的事情。用陪伴的方式协助乡村成长的赋能服务，是这支团队的新乡土精神。

（一）陪伴从"心"开始

乡村全面振兴需要举全党全国全社会之力。作为市场服务主体的乡建机构、乡村工作室、规划设计单位等机构和企业，是其中最活跃的一支力量。他们是服务乡村发展，距离乡村"最后一公里"的乡村建设服务团队。

两岸文旅与乡村振兴中心是清华海峡研究院基于乡村振兴落地运营所建立的智库中心，九七华夏文旅集团是其中心的产业化落地服务平台公司，也是中心基于乡村振兴产业体系建设的创业孵化平台。

用口碑赢得市场，对大多数乡建服务团队而言，这无疑是最难的事。回顾近两年来其所做的乡建工作，通过陪伴式的服务，收获了社会影响力，也提升了市场竞争优势。

洪金聪作为清华海峡研究院乡村振兴落地执行平台负责人，带领团队以陪伴式服务的方式，全力协同县域三级治理主体开展乡村建设行动，并助力了厦门市海沧区洪塘赤土村的村集体经济的壮大。

2020年3月，洪塘赤土村作为乡村振兴改革试点，成为两岸文旅和乡村振兴中心提供陪伴式运营服务的一个践行点。

团队未驻村之前，洪塘赤土村是其所在镇域发展最落后、治理最混乱、村民意见最大、环境最差的一个自然村。村居环境的脏乱差自不必说，相对落后的基础配套和公共服务，村民也早已见怪不怪。

在做入村调研的过程中，驻村人员发现，最令村民怨声载道的是村上硬件建设的不足。每逢大雨，村内污水横流，雨水甚至还会倒灌进村民屋内。那个时候，整个村子就会到处弥漫着一股刺鼻难闻的味道。

另外，比村容村貌和环境问题更严重的，是村里的社会风气。每到逢年过节之时，村上的赌博现象就会变得十分突出。村上甚至还发生过赌博一次就输掉几十万元的事情。要知道，那也许是一个家庭的全部积蓄啊。这种现象若不能及时制止，随之而来的可能就是偷盗、诈骗、抢劫等社会问题。

村上的离婚率相对较高，而婚姻的不稳定反过来又使得村上一些男性逐渐自暴自弃，养成了许多不好的习惯。这种不良的风气若不能及时制止，久而久之就会陷入恶性循环。在当地，大家甚至还有这样一个不成文约定——嫁女不进洪塘赤土村，用工不用洪塘赤土人。

两岸文旅和乡村振兴中心团队进驻洪塘赤土村前，村里充满各种怨气，缺少活力。当时该中心选择这样一个村庄陪伴式运营服务，其难度可想而知。而能够做出这样一个决定，其中有洪金聪的勇气和魄力，更有海沧区东孚街道对该中心的殷殷重托与满怀期望。

1. 用行动赢得民心

驻村做陪伴式运营服务，最难的工作不是"说什么"，而是驻村团队能够为村庄的发展实实在在"做什么"。对于进驻洪塘赤土村的团队而言，决定其能不能驻扎进村的不是其他，而是能不能急村民之所需，用行动赢得村民的认可与尊重。

这是一张通行证，一张能让团队长期驻村的通行证。他们进村后，在入户调研的时候，面临的最大难题是如何赢得村民对他们的信任。当时，村民对他们说话很直，且带有威胁性——如果你们过来不是帮助我们村民做事的，只是代表政府搞形象工程，那么我们不仅不会配合你们的工作，还会打市长热线投诉你们，把你们赶走。

刚进村就吃了这样一个闭门羹，足以说明村民对他们的不信任。对于这样的事，在一些人眼中或许只是一件司空见惯的小事。然而，若是细细深挖，在这件小事的背后，一定藏着一个可能没有引起大家重视的大问题。

为了消除村民顾虑，团队就逐家逐户调研，全力摸清村民的想法与需求。通过深入调研，他们发现，村民最大的意见是村庄的污水问题。洪塘赤土村在天竺山脚下，每逢大雨，位于南面的村民家里就会被夹杂污水的雨水倒灌进室内。结果，从污水管道里冲出来的杂物满院都是。

痛点就是突破点。2020年4月，清华海峡研究院乡村振兴智库中心驻村团队用了不到一个月时间就将村民最大的痛点问题找了出来，并将这个情况以书面报告形式递交给了上级部门。通过与包村干部进行沟通，他们提出了溯源排查、重新铺设、雨污分流三套解决方案。

为了尽快帮村民解决这些问题，当时大家看好的是第三套解决方案，然而经初步估算，采取第三套方案需要近400万元。这严重超出了当时东孚街道的预算。

最后因为资金不足，大家只能退而求其次，决定先采用第一套方案。在第一套方案实施过程中，想要溯源排查全村污水管道，第三方公司给出的报价是30万元。驻村团队根据自己的工作经验判断，那个报价确实有点高了。于是，驻村团队就代表上级和村上，与服务公司进行建设性协商。最后，第三方公司勉强同意了10万元的报价。

在向上汇报、与各方探讨与谈判期间，不断有村民跑到他们驻村办公的地方质问工作进展情况：你们调研了这么久，怎么没有消息了啊？你们什么时候动工啊？你们这些年轻人做事行不行啊？再给你们一个月，如果还没有结果，我们这里就不欢迎你们了……

村民们不知道，任何乡村振兴项目的生成都是需要走流程的。从设计到施工，没有两三个月时间，是不可能进入施工流程的。直到看到第三方公司进村做污水排查，村民才看到了驻村团队实实在在的行动。

经过溯源排查并找出原因后,第三方公司建议雨污分流、重新铺设。于是,问题又回到了最初需要的 400 万元经费上。

经过驻村成员、包村干部和街道政府多次沟通与协商,最后街道终于下定决心,多方筹措资金,全力帮助村民解决大家最关心的难题。这件事情快速和圆满的解决,使得驻村团队终于赢得了村民信任和尊重,并在村里站住了脚。

2. 用专业服务推动乡村发展

以陪伴协同的方式推动乡村发展,是一个十分复杂的过程——从不理解到理解,再到有新的理解。人们的认知本身就是一个螺旋式的上升过程。而赢得村民信任与尊重,只是整个驻村团队陪伴服务乡村的万里长征的第一步。村域生态、村落风貌、基础公共配套、农户自家庭院,要在这个过程中变得宜居宜业;各种村域资源资产的权属关系,要在这个过程中得到明晰;村集体经济发展和村集体经济组织建设,要在这个过程中完成分配与保障机制建设;村域资源资产的集体化与村集体经济组织成员的个体经营,要在这个过程中实现动态平衡;村集体公私关系与村自治章程,要在这个过程中加以完善;村民自治和党在基层的执政基础,要在这个过程中得到明显加强。

围绕以上这些内容,驻村团队在洪塘赤土村驻村的 600 多天里,所提供的各种服务工作,大致取得了如下三个阶段的成效:

第一阶段,将村民有效组织起来,使其积极参与到村庄的生态、风貌、环境等村内基础设施和公共服务的综合整治中。

第二阶段,围绕农户自家老屋和新庭院,使其面貌有了一个大提升,且让闲置和低效使用的资源资产得到充分利用。

第三阶段，围绕特定村民的特定问题，通过配合村民小组和协同街道政府，充分发挥陪伴团队的主观能动性、激励带动性和方向引领性的作用。

通过近两年的陪伴服务，洪塘赤土村的面貌有了焕然一新的改变，更重要的是，村民已从原来的观望者变成了参与者，从抱怨者变成了支持者，从被动参与者变成了自觉行动者。

让村民逐渐意识到自己才是乡村振兴的主体，是驻村陪伴团队的首要目标与任务；而让民心民风向村级组织凝聚，是驻村团队的第二个任务目标。

团队的第三个任务，则是协助村上建立村集体股份经济合作社，逐步建立和健全村集体经济组织内部收益的分配机制，并在此基础上协同村集体组织活化闲置与低效使用的资源，帮助村上引入符合村发展需要的产业和商业，这样才能更好地壮大村庄的集体经济。

（二）扎根乡村，服务600天

驻村团队在洪塘赤土村的驻村运营陪伴，总的来说是一种基于市场的服务。服务购买方主要是县域和乡镇。事实上，其在陪伴过程中扮演的角色很多，如指导员、协调员、解说员、策划师、设计师、突击队、运营师等。在整个陪伴过程中，其不仅要解决县、乡（镇）、村、民等不同主体的关系问题，还要通过自身的技术优势，解决村庄发展过程中，如人心的凝聚、组织的建设、村庄风貌的改造、产业的运营等问题。通过陪伴式村域运营服务，围绕致力于提供县域乡村振兴系统性解决方案的公司战略定位，驻村团队在县域三级治理最具挑战的村级治理中，不断沉淀和积累，创新了一套村域乡村振兴系统性解决方案的服务体系。

1. 如履薄冰，全力做事

笔　者：作为洪塘赤土村陪伴项目的带头人，您刚接手这个陪伴服务项目时，是信心满满、志在必得吗？

魏　涛：我没有那么自信。准确地说，可以用小心翼翼和如履薄冰形容我们初进洪塘赤土村的内心状态。

其实不仅是洪塘赤土村，我们服务每一个村时，基本都是这样一个心态。若你只是作为局外人来看，你是很难有那种切肤之痛的。服务村集体和村民的工作实在是太难做了。一个预先没有想好的事猝然而至，若不能得到很好的处理，极有可能演变为一场驻村陪伴服务危机。

服务购买方不会迁就我们，村民也不会迁就我们，陪伴服务做不好，我们就会被地方和村民赶出去。更何况，洪塘赤土村本来就是一个极具挑战性的村庄。这个村的乡村社会经济发展情况，在东孚街道是垫底的。对于这样一种情况，我们驻村团队需要迎难而上，且敢于挑重担。这是操盘人必须要具备的勇气和精神。

笔　者：你们进驻洪塘赤土村时，这个村是一个什么情况，能简单介绍一下吗？

魏　涛：这个村属泉州府同安县积善里，村落形成于唐末宋初。洪塘赤土村是一个杂姓聚居自然村，村民自古擅于种植水稻，除自给自足外，还常加工成米制品贩卖。后山有"十八磨坊"遗址，足以说明该村曾经的繁荣。

改革开放后，甘蔗、香蕉、龙眼、大头虾等农副产品一直是这个村的支柱产业，后因制糖厂搬迁、香蕉市场流通不畅、龙眼品种落后、大头虾污染严重等原因，这些产业都相继没落了。于是，赤土就成了洪塘村最贫困的村民小组，村小组集体经济收入长期为负数。

国家实施乡村振兴战略后，作为生态保护区范围内的村庄，因缺少规划、管控不力，以及经济、文化、社会等综合因素，使得洪塘赤土村房屋院落建得越来越密集，公共空地被侵占，绿化空间基本没有，村落面貌只能用"难看"来形容，人居环境质量相当差。

通过近两年的驻村陪伴服务，整个村庄确实发生了翻天覆地的改变。其实在这个过程中大家最关注的问题就是陪伴谁，陪伴什么？

在具体的工作中，我们运营中心和设计中心扮演的角色很多，有时是指导员、有时是协调员、有时是解说员、有时是策划师、有时是设计师、有时是突击队、有时是运营师等。

在整个陪伴过程中，我们要解决的不仅是县、乡（镇）、村以及村民等不同主体的关系问题，还要通过自身的技术优势，解决村庄发展过程中，如人心的凝聚、组织的建设、村庄风貌的改造、产业的运营等问题。

2. 陪伴式人居环境优化

笔　者：进村之后，你们都做了什么，洪塘赤土村有了哪些改变呢？

钟　相：改变最大的是村庄风貌和村民的心气。很多村庄规划由于理念落后，闭门造车、脱离实际，在具体实施时很难有效指导当地的生产生活和开发建设，基本上只能沦为纸上画画、墙上挂挂。问题的根源是什么呢？我认为主要是不能从农村的实际出发。

另外，在编制村庄规划时，由于缺乏农民的参与，甚至没有充分考虑和尊重农民的意愿，使村庄规划难以落地，或远达不到实际效果。在这方面，我们运营中心配合设计中心，在实践中取得了不错的工作成果。

接下来，我从全方位优化人居环境、配齐公共基础设施、配套公共服务空间这几个方面展开说一说给村庄带来的改变吧。

第一，对人居环境的优化服务。在房屋的外立面改造及平改坡方面，统一建筑风貌设计的有 63 栋；在旧房整治方面，共完成了 113 栋；对村域内的房前屋后整治服务事项有垃圾清理、复耕绿化，总共梳理出 49 处，已开工并完成的有 26 处。在翻修改建和集约建房方面，我们推进了危房改建，重点集约建设了洪塘赤土村 98 号院。

另一个休闲老宅改造示范点，是洪塘赤土村 89 号院，它是一个公共共享空间，如参观学习的、调研考察的，还有过来休闲游玩的，大家可以随时在这里停下来，聊聊天、喝喝茶，休息一会儿。

为响应国家"一革命四行动"整治号召，我们引导村民合理有序整改铁皮建筑及其附属建筑，其中整改铁皮建筑 46 处、鸡鸭舍 18 处、田间管理房 11 处、蘑菇房 5 处，总计完成整治 80 处。

第二，我们在村内推行垃圾分类并取得了成效。我们协同村上组建了新农村建设项目工作组，配备了环卫队伍，制定了环卫要求，建立了两个垃圾分类点，并对村民的日常垃圾处理行为进行了有效引导和严格管理。同时，根据村内老旧公共厕所不能满足日常需要的情况，及时改造出了一座三级公共厕所。

第三，围绕配齐公共基础建设，分享一下我们团队协同地方和村上所做的一些服务工作。

一是对环村路面进行了改造提升，对村中巷道进行了整治；二是缆化电路，使以前乱成一团的各种电缆电线得以清理和地埋；三是对村域内道路沿线进行了综合提升，如对水沟进行了清淤、修缮路沿石和河石挡墙等；四是对田间步道进行了打造，对村庄田埂周边进行景观改造提升。

第四，提升了村庄环境治理。我们配合村上对5处小水体进行了综合整治，如过云溪三号支渠生态修复、高标准农田灌溉示范点建设。在村内夜景提升和停车场建设方面，我们配合村上进行了村中路灯及夜景灯光打造，在房前屋后新增了10处小型停车场和两处公共停车场。

第五，配套公共空间建设取得成效。我们配合村上改造了村口村标，把一处老宅院做成了公益书院，对村内老人聚会场地的硬件环境配套进行了综合提升，将村内一棵古树及周边景观进行了融合一体的打造。同时，我们还配合村上改造了一处篮球场和一处老仓库。

3. 为村上问题把脉

笔　者：在村里服务的过程中，有哪些令您印象深刻的事？

魏　涛：印象深刻的事，当属"赤土夜话"活动。那是一个将村心、民心、党心逐步聚拢到一起的过程。在乡村做陪伴服务，最难的是如何将一盘散沙的民心组织起来、凝聚起来。这是最迫切的事，也是最难做的事。

大家的心如果能在一起，再难做的事也会变得容易起来；要是不在一起，就算一件看起来很小的事，也会让你寸步难行。

为了更好地解决乡村发展动力不足的问题，东孚街道干部举办了"赤土夜话"的活动。最初的时候，活动参与者只有主管领导、包村领导、村书记、村委会成员、赤土村民小组老人会成员。我们觉得这是一个团结村民的好时机，应该利用这个机会，让更多想干事、能干事的村民参与进来。

我们把这个想法形成了一个方案，建议街道领导主要邀请返乡年轻人、创业新乡贤和在村里长期租房居住的新村民一起参与进来。最后，我们的建议被街道领导采纳了。随着参与进来的村民越来越多,"赤土夜话"逐渐由最初的街道领导组织,变成了以村民为主体的村民自发组织,村民主动邀请街道领导、村"两委"干部谈想法、说诉求。

再后来,为了更好地配合村民做好服务,我们将这种固定地点的夜话形式,做了灵活变通,从"将想做事的人聚起来"到"主动走出去",驻村团队移步换点、定点定事,走进村民家中,以喝酒、喝茶和聊天的拉家常方式,协同街道和配合村上,帮一些村民解决他们最在乎和最关心的特定问题。

完善村内基础公共硬件设施配套,提升村民人居环境,是一个千头万绪的工程。在整个改造和营建过程中,肯定存在许多村民不理解、不配合的事情。我们不能把满足村民的需求放在心上,村民又怎么会把我们装在心里呢?

表面上看,我们的陪伴服务是帮助村上解决村民生态宜居的事情,而事实显然并不仅限于此。比如帮助村民介绍工作,想办法帮其解决经济问题,听他们讲村内的邻里关系、家庭矛盾、子女教育、健康医疗等,我们团队对整个村的村民的各种社会关系、家庭情况、优劣长短等,村民对乡村发展的痛点、难点、困惑点、抱怨点在哪里,大多是了然于胸的。因此,我们的工作,更多是在围绕家风、民风展开的村内社会关系和公共秩序的疏导与建设。

笔　者:在驻村陪伴服务过程中,你们团队有哪些痛点、难点?

魏　涛:要说痛点,我确实有一个印象最深刻的例子,即村内一个村民把我逼成了半个土地问题专家的例子。

他是洪塘赤土村出了名的土地与财产法律专家,比我对法律的认识程度要深。在街道领导和村干部面前,他总是拿法律说事,是村上"最大的刺头",大家拿他也没办法。

为啥呢？因为讲这方面知识，处理这方面的事情，他会严格按照法规条例做事，专业性相当强，街道和村上的领导干部都理论不过他。每次遇到土地、财产类的事，大家对他都十分忌惮。

比如说邻里之间相互让块地，他会帮助村民拿到相关法律部门做公证。在村民看来，很多时候本就是一句话的事情，他非要上纲上线、咬文嚼字。村里发生了土地纠纷，他会主动帮着人家打官司。他太懂法律了，太懂政府职能部门该干什么了。

按理说，他这种站在维护村民利益角度做事的态度，是值得肯定和表扬的。不过，他那种处理事情的办法，经常会迟滞整个村的人居环境综合整治的进度。比如，拓宽村道要涉及村民让地和拆迁补偿，比如说每平方米补偿380元，结果他就拿"拆迁条例""农村土地征用管理办法"跟你说事。

他就像村里的一只大喇叭，在我们做村庄风貌提升时，他经常对村民说："村上土地的市场价格非常高，现在政府征你们的地扩建道路，给你们的补偿太少了。"村民在他的鼓动和游说下，似乎意识到了什么，纷纷在他的"为民请愿表"上签字、按手印。

村子本来不拆迁，经他这么一宣传，好像整个村子要拆迁一样。结果，一件本来村民已经协商同意的事情，往往会因为他，搞得整个事情无法向前顺利推进。

最初，我和我们的团队对土地和财产法律都是不专业的，但是为了更好地与他打交道，我们就不得不逼着自己快速充电，来补这个能力短板。这也就呼应了我刚刚说的，在他以一种俯视的态度把我们当对手时，我们要争取做一个让他心服口服的合格对手。也就是说，我们这支驻村陪伴团队能力之所以能快速成长，很多时候也是被这样的事情倒逼出来的。

4. 提升服务，提升能力

笔　　者： 在清华海峡研究院 F 栋进门的墙上，我看到上面写着"乡见两岸"几个字。请问您对"乡见"这两个字怎么理解？

魏　　涛： 简单说，可以把它理解成看见乡村。这里的"看见"不是通常意义的用眼睛看见，而是要用心去看，让你的心"看见"乡村。这时候的"乡见"就会延伸出另外一层意思，即看见乡村、读懂乡村。

乡村就像一本书，厚重的五千年的乡土文化，需要我们细细去品读。正因为有了这种认识，所以我才会在做事的时候，在带领团队以陪伴的方式服务乡村时，对乡村充满尊重与敬畏。

对于中国乡村每一个发展阶段的认识，都是探索着前行。比如在乡村的脱贫攻坚阶段，我们应该读懂什么？在乡村振兴发展阶段，我们需要坚守什么？在共同富裕的目标指引下，我们应该追求什么？

笔　　者： 厚重的乡土文化与陪伴式服务有什么关系吗？

魏　　涛： 这个问题不太好回答。作为一个操盘人，我只能从陪伴服务角度，谈一谈我的理解。或者说，我只能从操作层面，谈一谈其对团队市场能力建设的个人想法。

陪伴服务，这里面有一个必须坚守的服务宗旨的问题，即我们不能反客为主，要始终坚持以村民和村级组织为服务主体。这个底线是一定不能突破的。而陪伴服务更多强调的是我们的专业性和赋能乡村发展主体的能力。

我们服务乡村的能力强，地方政府或乡镇街道，就可以作为领导乡村发展的主导者，继续购买我们的服务；我们服务的不好，他们也可以拒绝服务，或拒绝支付服务的费用。站在市场竞争的角度，它会倒逼着我们加强市场能力建设。

除了加强市场能力建设之外，我们还必须坚守一条思维底线，即只能做协同的主体、服务的主体。要尊重乡村主体，并扮演好配角作用；而不是颠倒过来，取代甚至压制村级组织和村民的主体地位。

笔　者：关于陪伴服务的市场能力，主要包括哪些方面？如何提升？

魏　涛：乡村运营是一个重点，也是难点。同时，也是我们驻村团队以陪伴的方式服务乡村的品牌特点。如何与各方打交道，如村干部、村民，还有参与到其中的上级领导、其他市场服务方等。

围绕这方面的能力建设，我先围绕洪塘赤土村的村落风貌和院落改造的规划设计落地来说。在陪伴服务的过程中，与村民打交道往往是最难的。村民的房屋和院落，以及村域资源权、邻里纠纷与矛盾，这些都需要我们在工作中需要处理好。

落地践行陪伴式驻村服务，需要我们具备和村民融为一体和打成一片的能力。它是一个综合能力的体现，如赢得村民信任的能力，进行村域各种资源整合的能力，策划、规划、设计能力，帮助构建村集体经济组织的能力，以及资源分类、市场定价、产业导入等活化资源和运营的能力。

这些能力恰恰是当下无论村集体、村民，还是上级政府，都较欠缺，甚至是短板。而我们团队的陪伴服务，就是来弥补这个短板的。用心和专业是我们陪伴服务的座右铭。

我们的服务边界是一个不断向四周延展的过程，它不是一种短期行为，所提供的服务内容是需要不断升级的。

5. 界定陪伴服务的原则和底线

笔　者：请问陪伴式服务是在一种什么样的情形下产生的？

魏　涛：这个要从两岸文旅和乡村振兴中心的产业化落地平台公

司——九七华夏文旅集团涉足乡村建设行动的服务说起。

现在很多从城市下来的乡村规划设计者，大多是做不好乡村规划设计工作的。为什么呢？我认为原因有两个：一方面是没有科学、系统、全面的认识乡村，详细了解"三农"问题；另一方面，城市和乡村不同的价值观有着难以消除的冲突。

伴随乡村的空心化和半空心化，其背后潜藏着的复杂的社会关系问题。乡村振兴，规划先行。然而乡村到底该如何规划呢？目前为了规划而规划，不考虑后续运营等问题，已成为乡村规划圈面临的普遍问题。这件事如何做才有效，目前仍不是十分清楚，需要一个持续探索的过程。

面对这样一种情况，九七华夏文旅集团做出了重大战略方向性选择，决定调整公司产品和服务内容，并将"陪伴式乡村运营服务"作为公司的核心产品推向市场。在近两年的服务中，我们始终秉持将话语权交还给洪塘赤土村的村民，实实在在解决他们的诉求，是我们服务的宗旨。

笔　者：陪伴式乡村运营服务是一种什么样的服务模式？

钟　相：陪伴式乡村运营服务。它是在坚持以村民为主体的前提下，以"1个项目顾问+1个项目经理+3个专员"的团队小组为组织架构。在这五个人的共同服务与指导下，通过服务机制模型搭建，以及顶层设计、整体规划、分类设计、落地指导等综合手段，为村级组织和村集体经济的综合发展，提供长期性、前瞻性和整体性赋能服务乡村的方法和手段。

在乡村综合环境整治阶段，把项目的"规划—设计—落地—运营"等不同阶段整合后，由一个服务商负责实施，而项目的决策仍然由村级组织负责。

关于乡村发展，这里面存在两个不同的认知主体：一是想下乡的市场主体，二是村域两权主体。想下乡的城里人，需要的是乡村的消费空间；而原住民需要的，并不局限于人居环境。其中还包括他们的生产、生活利益，以及是否拥有持续发展和代际永续的家园属性。两者之间，既存在着矛盾，也有着可以妥协的利益平衡点。

我们的驻村团队在服务村民方面，我把它概括为六个字：多听、巧说、实做。其中能否多站在村民角度，听取他们的需求与心声才是重点，也是难点。

笔　者： 从如何加强村级组织建设和怎样壮大村集体经济这两个方面，谈一谈您对陪伴式乡村运营服务的理解？

钟　相： 在村级组织建设方面，我们需要做的，是从引领者和设计者、落地指导者及时转变角色，变为乡村发展的促进者和协调者。通过专业工具、市场手段、管理机制的搭建，协助村级组织，引导和激发村民的参与热情，增强其对村级组织的信心。

对于我们来说，想要把这件事做好，必须加强两个方面的能力建设：一是加强沟通和协同能力，二是不断提升团队对市场、法律、治理、保障等专业知识的认知力。这两个能力的建设，缺一不可。

关于如何壮大村集体经济，我认为重点在于村集体经济组织成员的共识构建，以及围绕共同利益所构建的利益分配机制。乡村是一个熟人社会，我们需要站在第三方的角度，以公平、公正服务村民为前提，引导村级组织充分发挥自身的能动性。

在不同阶段，无论扮演何种不同角色，归根到底我们都是协同服务的一方，都只能是配角。而主角应该一直都是村级组织，是村里的村民。这是我们陪伴式乡村运营服的原则和底线。

（三）构建县域乡村服务体系

当前，陪伴式驻村服务在福建省乃至在全国越来越受到学术圈和上级政府重视。围绕陪伴式驻村运营服务，市场上已延伸出了不同类型的服务板块。其中，在市场上影响较大的，当数陪伴式乡村规划。

其在乡村规划领域"叫好又叫座"的原因，主要是目前很多地区的乡村规划并不能很好地指导乡村建设和发展。而造成村庄规划形同虚设的根源是什么呢？缺乏农民的参与，不能充分尊重农民的意愿，地方政府又不认为是根本的原因。在九七陪伴式乡村运营中设计的板块，其始终秉持着以村民利益为导向的核心价值观，注重规划方案的落地性、灵活性和可行性。

对于不断加入进来的其他陪伴式驻村服务团队而言，作为一支被寄予厚望的市场服务主体，在专业化和复合型能力建设方面，除专职规划技术能力外，还要在策划、运营、管理等方面加强能力建设，如此才能有效破解乡村发展中存在的目标定位不清、资源利用低效、技术力量薄弱、管理制度缺失等难题。

1. 持续做好陪伴服务

作为一家致力于提供县域乡村振兴系统性解决方案的服务机构，两岸文旅与乡村振兴中心智库平台有着清晰的服务方向与战略定位。把战略定位做好是前提，把想要做的事情做好才是关键。

在发展的前期，该中心能将更多的人力、物力和财力倾斜于乡村发展的"最后一公里"。长期扎根基层、服务村民，花费大量时间和精力读懂乡村，并从中摸索出一套从下至上的陪伴式乡村运营服务模式，足以说明该中心做事求真务实的态度。

从村民为主体的角度理解，某种意义上说，作为领导和指导的县域政府和相关职能部门，也是陪伴服务的一个组成部分。其对陪伴服务的支持——能否搭建一套县搭台、乡对接、村实施陪伴式工作模式，也是两岸文旅与乡村振兴中心在构建陪伴式乡村解决方案服务体系中一个不容忽视的环节。

在提供陪伴式运营服务方面，驻村团队须根据不同的村庄特点和特色，定制服务标准及运营架构。同时充分利用自身智库平台的优势，整合更多拥有丰富践行经营的团队，以专业的市场化技术为推动力，指导和培训在地化运营队伍，从而实现长期陪伴的目标，突破并完成从地方政府购买服务到向市场要运营收益的嬗变。

2. 加强服务系统化能力建设

陪伴服务的系统化能力建设源自实践，同时又高于实践；它来自工作中所取得的成果，同时还有实施过程中遭遇的各种困难与挑战。作为乡村建设行动的一个重要抓手，陪伴式乡村运营服务亟待围绕乡村系统性解决方案提供一套可因地制宜的服务体系。

经过近两年的驻村陪伴，现在驻村团队正将服务进行纵向延伸。延伸方向主要有两个：一是利用村民房前屋后的空地，鼓励村民大力发展庭院经济；二是利用村集体和村民的闲置房屋和院落，协同村级组织和村民，提供产业招商服务。

在庭院经济方面，驻村团队已协同村集体编制出了《洪塘村庭院经济建设和运营计划方案》，筹建了领导小组和专家团队。他们从村民庭院的规划设计、门前三包、生产管理、产品营销、品牌建设等环节，给予了全方位技术指导。截至2022年1月底，为了发展庭院经济，洪塘赤土村已累计发动村民28家，为乡村产业开发投入资金约500万元。

在协同村上盘活资源方面，驻村团队通过洽谈协商，为村上引入产业，如通过对村上老仓库的改造和提升，成功引入了厦门元初食品公司。2021年，整个洪塘赤土村利用闲置房屋和院落，通过出租的方式，获得了超过300余万元的收入。

在提供县域乡村振兴发展规划的团队中，两岸文旅与乡村振兴中心是距离乡村、乡民、乡村基层领导干部最近的一支队伍。在提供乡村治理与乡村运营的团队中，两岸文旅和乡村振兴中心又是对县域三级治理与县域乡村综合整体发展认知最深的一支队伍。

学会与乡村主体及各方打交道，懂得在理念与方法上，如何与县、镇、村三级主体进行思想交流，是介入乡村和做好服务的能力之源。两岸文旅与乡村振兴中心团队的这一市场能力的获得，主要应归功于其陪伴式县域乡村振兴服务的践行与落地。数十人的团队，近两年的陪伴驻村，在汗水与泪水的反复洗礼中，这支团队正在发生蜕变。

从某种意义上说，任何一家基于提供市场化服务的团队，无论其前期站位有多高，能够整合到的优质资源有多少，如果其想要获得扎扎实实的服务乡村发展的真功夫，就必须走近乡村、读懂乡村。并在此过程中，不断打磨和优化所提供的产品和服务，加强自身的系统化能力建设。

同时，还要在深入乡村"最后一公里"的服务中，让团队保持正心正念，并不断磨砺出够精的一把兴村利剑。

3. 陪伴服务的横向延伸和纵向深入

站在长期陪伴服务的视角，无论是平台的智库中心，还是具体落地陪伴服务的设计中心和运营中心，都需要认识到目前陪伴服务存在的不足，并围绕服务的横向延伸和纵向深入，做好进一步完善、提升和强化工作。

其中，成立乡村运营平台是以村集体经济组织的形式实现资源对价市场的关键。基于此的陪伴式运营服务是进行横向延伸的前提与基础。陪伴式乡村运营服务在横向延伸方面，整村运营是一个重要选择方向。

笔者这里所说的整村运营有两个关键点：一是可市场化运行的村集体经济组织的成立；二是整村运营平台公司的成立。成立运营平台公司的目的是活化村域资源，提高乡村经济发展的管理和服务质量。

作为长期为村集体提供陪伴服务的九七华夏文旅集团公司，可以单独与村集体经济组织成立运营平台，也可以以牵头人的形式，甄选有能力且适合的第三方合作伙伴，由其三方共同成立整村运营平台。

至于最后会采用哪种合作方式，须由中心及公司发展部，根据所服务村庄的情况，及制定的标准与评价体系，最终做出决策判断。事实上，无论最终选择哪种合作方式，其只是陪伴服务横向发展的一个支点。

有了这个支点后，两岸文旅与乡村振兴中心还将提供哪些服务呢？主要有三个方面的服务内容：

一是从下至上的延伸，提供构建乡镇（街道）与村集体的治理机制协同服务，从而为驻村团队自上而下构建县域乡村振兴三级治理机制服务提供"最后一公里"的保障。

二是以市场化操作方式，帮助村集体经济组织进行资源与资产的品种分类，同时完成不同资源标的市场价值评估并进行初次定价。虽然说盘活村庄闲置与低效使用资源很重要，但确保村域资源资产在市场对价中不吃亏，同样重要。

三是协同村集体经济组织做好村域产业发展策划，在实现村集体产业发展壮大的同时，构建一套村集体产业、介入其中的市场主体产业、农户个体产业的动态平衡协调体系，从而确保整个村域产业的业态布局科学合理，以及当前与今后村域产业发展次序权重的比例均衡。

4. 做好县域服务的把脉诊断

县域乡村振兴是一个纵横交织的立体化大舞台。能够致力于县域乡村振兴服务，且有实力向一个县域提供乡村振兴系统性解决方案，公司也好、平台也罢，目前还缺乏这种有认知能力和市场能力的综合服务机构。

做好县域乡村振兴服务，如同让一个个掌握不同乐器技法的乐手，共同合奏一首交响曲。尽管单个人或团队的水平都不低，但要把县域乡村振兴的曲子合奏好，则需要经历从开始的不和谐到逐步和谐的一个磨合过程。

每一个乡村振兴服务的团队，一方面存在着能力上的参差不齐，另一个方面其对乡村发展相互认知的边界，也多会存在或多或少的偏差，甚至是截然相反的认知。因此，若想向一个县域提供乡村振兴系统性解决方案，本就是一件十分复杂的事情。

两岸文旅与乡村振兴中心智库平台，依托清华海峡研究院的资源与品牌优势，一方面着力于团队自身的乡村践行与探索，另一方面也在不断围绕应用型专家智库团队的建设，持续寻找"理想浪漫中有责任担当，勤奋踏实中有情怀梦想"的战略合作盟友。

伴随越来越多拥有自我成功范例的实战型专家的加盟，该中心致力于提供县域乡村振兴系统性解决方案的服务内容，正在融合中不断丰富着。基于不同县域，目前该中心已基本具备了县域乡村发展全维度全方位把脉诊断，以及提供一揽子综合解决方案的能力。

5. 县域解决方案的四条建议

服务县域乡村发展，若只是自上而下的俯视，则容易出现"看上去很美"的落地尴尬。而若只有从下至上的埋头苦干，也容易出现一叶障目和以偏概全的认知偏见。无论服务一个村庄，还是服务一个县域，都少不了上下联动。相较而言，提供县域乡村发展系统性解决方案，尤其需要从下至上的联动配合。

第一，履行服务乡村的责任和担当。让服务乡村的理想变成县域乡村发展的具体服务事项，并取得事半功倍的落地成果。这也是多数县域乡村发展服务商，正面临的困惑与迷茫。两岸文旅与乡村振兴中心为一个县域提供乡村振兴系统性解决方案，其可提供的服务内容主要有哪些呢？首先，两岸文旅与乡村振兴中心可提供一份系统性《县域乡村振兴可行性调研报告》。其内容主要包括：资源梳理、问题发现、优势发掘、重点突破、发展方向、目标路径、建议方案、顶层设计等。其次，围绕县域空间与产业布局的概念性规划和落地实施行动指南。这部分内容主要包括：县域乡村振兴发展总体定位、顶层设计、多规合一与协调的概念性规划、县域乡村空间产业发展规划与设计、示范性乡村发展综合落地实施行动指南等。

第二，县域农业与乡村营造品牌建设综合服务行动方案。这部分内容包括：县域品牌农业综合设计与渠道建设解决方案、县域种养三级合作社运行平台与机制建设、县域乡村人居环境整治提升综合服务方案、县域乡村风貌与公共基础配套设计指导行动方案等。

第三，县域乡村三级治理新体系协同服务方案。这部分内容包括：陪伴式驻村指导服务行动方案、村集体经济组织和村集体股份经济合作社建设服务、村集体经济组织成员收益分配与福利保障机制建设服务方案、乡村资源要素数字化金融服务方案等。

第四，县域乡村资源资产流动，市场化配置机制与体系协同服务行动方案。这部分内容包括：县乡（镇）村三级治理机制构建协同服务方案、乡村运营与管理服务平台建设与招商服务方案、乡村服务产品创意与产业招商服务方案等。

　　九七华夏文旅集团是两岸文旅与乡村振兴中心基于乡村振兴产业体系、经营体系、生产体系的创业孵化平台。对于市域和县域政府机构所成立的乡村振兴智库，可以提供托管运营服务。可提供的服务内容包括市（县）政策建议、专项决策参考，以及市委、区委、县委政府决策与落地可行性研究报告，县域乡村系统性振兴解决方案提供与实施指导，等等。

八 文化强村

北京市通州区宋庄镇小堡村

对话·崔大柏

　　崔大柏，北京市宋庄镇小堡村原党总支书记。1988—2022年年初，作为村集体经济发展的带头人，他在小堡村奋斗了30多年。1988年，小堡村有超过三分之二的村民还没有用上电，村中几乎无一条平坦马路。在担任村书记的当年，他带领村民挖排水沟、解决用电难题、填坑修路，全力解决了村发展的水电问题。经过三年的村环境提升和村庄治理改造，1998年的小堡村踏上了工业致富的发展道路。2004年之后，小堡村以"文化强村"的发展思路进行了战略转型。

中国宋庄,世界小堡。从 2004 年以文化强村战略发展至今,小堡村已走出了一条独具特色的振兴之路。过去,村里搞养殖、办工厂,成立农机站,鼓励村民创业,兴建工业大院,开展"文化造镇"战略行动,小堡村的发展一直在探索中不断向前。

20 世纪末,小堡村村民人均年收入达 5000 元;2013 年,小堡村人均年收入 3 万元,全村村民房租收入 1800 万元,村内企业达 185 家,工农业总产值 15 亿元,上缴国家利税 8600 万元;2016 年,70% 的家庭住进了楼房,60% 的家庭拥有小轿车,村内从事文化艺术创作者达 1 万余人,艺术机构 300 余家。

在村"两委"的带领下,经过 30 多年的成长与发展,如今的小堡村马路宽阔、各种商业店铺林立,各种美术馆、艺术馆、博物馆、画廊画室,遍布村域,并摘得了"中国宋庄·世界小堡"的美誉。30 多年前,小堡村只是北京市通州区宋庄镇南部的一个很普通的村庄。据 2016 年统计数据显示,全村户籍人口只有 1861 人。

(一)产业兴旺促发展

党的十一届三中全会后,小堡村村级组织成立了农机站,购买了一批农业机械。那时的小堡村为了致富增收,积极发展农业生产机械化是全体村民的奋斗目标。

由于小堡村的土地多是沙土土质，土壤贫瘠，想富民强村，仅靠主粮种植、果蔬副业，显然是很难实现兴村梦的。面对这样的发展困局，部分村民嗅到了发展的契机，先村集体一步，有些村民大胆走上了个体创业的道路。

1985 年，小堡村兴民家庭养殖场成立，后改名为兴民禽畜食品公司。1989 年，北京升华铸造厂和小堡村花卉门市部成立。进入 20 世纪 90 年代，养殖业和铸造业已成为小堡村两大支柱产业。1993 年，小堡村的肉鸡产业一度占据了整个北京肉鸡市场七分之一的市场份额。

从 20 世纪 80 年代中后期至 90 年代初期，小堡村进入个体创业先行、村集体经济组织紧随其后的双轮驱动发展阶段。

1. 小堡村的工业强村梦

个体与集体齐头并进、携手前行是小堡村快速发展的第一个发展阶段。1998 年后，小堡村进入工业强村的第二个发展阶段。

所谓工业强村，就是村集体经济组织利用村集体土地兴建工业园区。摸着石头过河，村内没有谁能预知小堡村未来发展的前景。

1999 年，小堡村在村书记崔大柏的带领下，完成了土地整理和工业园区的水、电、路、供暖、通信等基础设施的建设工作。村"两委"干部四处招商，却没有招引一家企业入驻。这是小堡村发展过程中遇到的第一个难题。

如何破解招不进商、引不来资的发展难题？这考验着村"两委"有没有破釜沉舟的决心和勇气。外人求不来，关键时候还得靠自己人。接下来，小堡村村委会做出了大胆决定——向村民向社会集资。

通过集资，小堡村自建了三栋厂房。为了成功吸引企业家到小堡村创业，村干部精心制定了系列优惠的招商政策。2006年，小堡村建成工业园区总面积达2800亩，引进入园企业153家，涉及轻纺、服装、食品、家具、建材、装潢、印刷、机械设备、制冷、制药、军工、电器等十多个行业。村集体的工业兴村之梦，随着一个个企业入驻，也初见成效。

工业兴村的发展之路，不仅壮大了小堡村的村集体经济，同时也提高了村民就业及收入的快速增加。为了引导村民向二三产发展，小堡村的村集体还在村东修建了150家店面的一条商业街。

然而，随着村庄工商业的蓬勃发展，小堡村的整个人居生态环境恶化逼近临界。要经济，还是要生态？这是小堡村在工业发展过程中遇到的第二个难题。

2. 聚焦文化强村

2004年，小堡村所属的宋庄镇党委，正在为小堡村的发展转型冥思苦想。镇党委书记胡介报正在构思和求证小堡村"文化造镇"的新发展定位与战略。早在20世纪90年代中后期，小堡村就住进了如张惠平、栗宪庭、岳敏君等一批"墙内开花墙外香"的优秀艺术家。

2005年，随着小堡村"文化造镇"新的强村之路的提出，标志着小堡村开始以"文化强村"向第三个发展阶段迈进。

2006年6月，宋庄美术馆在小堡村开建；同年10月，"首届中国·宋庄文化艺术节"在小堡村成功举办。小堡村"工业强村"的发展顶峰还没有到来，小堡村"文化强村"华丽转身的前奏，已经提前成功上演。

是要生态还是要经济的两难抉择间，镇党委和村党委、镇书记和村书记，达成了共识，一条文化强村、绿色美村、生态兴村的新乡村探索的发展之路徐徐铺展开来。经过 20 多年的发展，已经很难说得清，是入驻小堡村的艺术家改变了小堡村的精神面貌，还是小堡村的文化强村战略之策迎来了面貌一新？或许两者都有。

（二）艺术名流促振兴

做大、做强、做优一个艺术家村，小堡村用了近 30 年时间。其中有偶然因素，也有村集体带头人敢于突破创新的魄力与胆识，更有宋庄镇谋篇布局的战略定位与镇域统筹。一个远离城市中心的京郊普通村庄，为什么能聚焦这么多艺术家？从本质上说，主要是小堡村解决了"房和地、人和乡风、钱和商业"这些最核心的问题，并采取了一整套有效的措施和办法，才使其成了文化强村的典范。

1. 村内房和地的发展创新

笔　者：作为一个画家村、艺术村，一个文化艺术家扎堆的村子，单以人数这个单一指标，小堡村应该可以申请吉尼斯世界纪录了。小堡村凭什么能吸引这么多艺术家？

崔大柏：一口吃不成个胖子。这件事，我得从头说，从 1993 年、1994 年那会子说起。它大概分这么几个阶段。

小堡村能有机会成为画家村，与海淀区圆明园那一带的画家村有着密切关系。1993 年，圆明园画家村像个大集市，热闹、喧嚣，很多画家都有一个共同特点：他们需要安静，需要一个安心创作的环境。

也是那一年末，张惠平成了第一个来到我们这里的画家。张惠平1982年毕业于北京师范学院美术系。在他的带动下，刘炜、岳敏君、高惠君、王音、栗宪庭等画家，在1994年年初相继也来到了村里。

半年后，圆明园一带的其他艺术家也闻讯到了我们这儿，这其中有王强、杨少斌、刘青、申云、严宇、李淑英、张鉴强、刘枫华、马子恒、张民强、姚俊忠、陈光武、王秋人、葛鹏仁、李淑珍等。

到了1995年秋天，出现了以圆明园艺术家为主的艺术家人群，开始向小堡村集体大迁徙。到2002年的时候，村内住进了大约100名艺术家。

笔　者：那时，那些人到小堡村，是租农民的房住，还是买农民的房住？

崔大柏：有租的，也有买的，主要是以买为主。从现在看，在小堡村居住的艺术家主要有四种形式：一是购买民房，二是租用民房，三是租用艺术园区的工作室，四是租地后自己建房。

第一批进驻小堡村的艺术家，主要还是以购买民房为主。跟村民签合同之后，他们再把房子进行改造，做自己的工作室和住所。20世纪90年代那会儿，不少农民都进了城，村里有很多闲置的房子，长期无人居住。

那时的房屋院落价格很便宜，一般只有5000元左右。第一批来我们村的艺术家，不少名气已经开始起来了，经济状况都还不错。也有手头暂时拿不出那么一大笔钱的，就选择了租房。那会子的租金很便宜，一个月才200元左右。

笔　者：听说2006年，围绕村里的房子和地，还发生了一些法律纠纷的事情。有这么一回事吗？

崔大柏：确实有这么个事情。这个事情的起因主要是村民受到周边一些村子拆迁和巨额补偿的刺激和影响。2006年那会儿，我记得大概有

20户左右，村民向艺术家提出收回房子的要求，也愿意把之前收艺术家的钱退还给他。

那个时候，我们的村集体经济发展已经开始转型，从做工业大院、工业园区，向文化创意产业、艺术产业转型升级。镇村为主导整体打造推进。刚刚起步不久就发生那样的事情，确实给艺术家的生活带来了一定影响，使一些艺术家感到了焦虑，不能专心工作。为了降低对艺术家带来的负面影响，我们村干部出面，对事情进行了调解，其中有3户村民放弃了索回要求。

当时我们共同商议：如艺术家同意，再签一个补充合同。若将来小堡村拆迁，拆迁补偿款归村民所有。若不拆迁，就以长期租赁的形式继续履行原先的协议和约定。

2007年后，这件事情就渐渐平息了下来。可能当时在全国也有同样的情况吧。2007年12月，国务院办公厅发布了《关于严格执行有关农村集体建设用地法律和政策的通知》。通知明确规定，城镇居民不得下乡购买农村宅基地和村民住宅。从那以后，艺术家在小堡村只剩下租民房、租工作室和租地自建工作室三种形式。

笔　者：当年艺术家租地，是耕地、林地、集体建设用地，还是村民的宅基地？

崔大柏：这个问题比较复杂。2000年前后的那段时间，北京周边的一些村镇响应政府号召，开始搞工业大院、工业园区。我们村是其中的一个。我们当时（2002年）的做法是组织和发动村民，把分包到户的土地承包经营权，按照依法、自愿、有偿的方式，再次转让收归到了村集体，统一了市场经营权。

具体办法是：村民先向村委会提交承包经营权转让申请，村委会审核同意后，再单独与每一户村民签订了一份"土地经营权转让协议书"。协议书中明确注明了村委会对村民的补偿数额和双方责任。

补偿形式分两种：一种是一次性补偿，一次性支付；另一种是分期补偿，按年支付。历时四年，才完成了全部村民集体入股，并基本都采用了分期补偿的形式。后来，在从工业产业转型做文化创意产业之后，我们村集体拿出来400亩土地来建造艺术园区。艺术园区里的房和地，是靠村集体经济组织的力量做的，艺术家要通过村集体来租地。

村民在自己宅基地上盖房，艺术家就得向村民租房。2003年，为了拉动村子商业发展，让更多村民能转入二三产，在家门口就业，我们村集体建了一条商业街，有150个店面，并在年末以抓阄的方式，将这些店面租给村民。村民得到店面后，基本都转租给了外来商家。

笔　者：村里建了工业园区、艺术园区，还有商业街，怎么有那么多的建设用地呢？

崔大柏：这是农村"三块地"的问题，也是农村发展绕不开且最核心的问题。农地、宅基地、集体建设用地，农民的房你不可能动，集体建设用地村里有，但不多，可以说很少。怎么办呢？只能占用农地、林地、四荒地了。那时是一种普遍现象，为了发展经济，政府虽不支持，但那会也不像现在管控得这么严。

对很多地方来说，那是一个短暂和难得的政策窗口期和机遇期。从1998年破土动工做工业园区，到2000年的时候，村北工业区建筑面积已达422亩。虽说1983年土地分包到户的时候，村集体就预留了100多亩离村远、土质差，没有村民愿意种的预留地，但随着用地需求增加，在那点地上发展二三产是远远不够的。

2002年7月，当时的通州区副区长在小堡村主持召开了一场会议，区乡企局、规划局、财政局、宋庄镇党委等几个部门的领导都过来了。会议决定把当时的村北工业区升级为镇级工业区。7月15号，通州区人民政府正式下达了升级文件，并拨付给了村里 150 万元扶持资金，整个工业区的规划面积达到了 3345 亩。

笔　者：村里发展工业大院、工业园区，每年还给村民补偿土地使用费，村"两委"怎么解决钱的问题？

崔大柏：现在叫作工业园区，那会叫作农民就业基地。也就是说，那不仅仅是我们村"两委"的事，也是全体村民的事。现在是干成了，那会没人知道能不能干成，也不知道会干成个啥样。所以，干这个事，是需要面对各种压力的。

我也是个普通人，也有遇事犹豫、顾虑重重的时候。但想做工业园区那样的事，不是谁想干就敢干的，而且机会也不是啥时候都有的。那时候自己可能是血气方刚吧，就是有那个胆量、那个决心，有抱着杀出一条血路的魄力。没有这个前提，说其他的都是胡扯。

有了这个前提，还得说到钱。钱从哪儿来？来源有三种途径：一是向银行贷款；二是积极向上级争取扶持资金；三是发动村民，鼓励村民投资入股、拿土地入股。

地皮整理好，水、电、路、供暖等基础设施都弄好了，没有企业入驻怎么办？那是大约在 1999 年时遇到的事。怎么办呢？只能发动群众，向村民集资，自己动手，兴建厂房。当时集资每户只限一股，每股 5000 元，每股每年可分红 750 元。为了这件事，全村有 500 户村民入了股，集资了 250 万元。

笔　者：小堡村有些地方的道路很宽，是不是后来拓宽占用了农民的宅基地？北京郊区村里的民房一般都是盖一层，为什么小堡村很多民房是盖两层或三层的呢？

崔大柏：确实存在这个问题。为了这件事，当时我们村"两委"和村民进行了反复协商，达成了一个非常具体的妥协方案：根据占用村民宅基地面积的大小，允许村民在自家宅基地上建二层或三层，我们把这套办法叫作地面损失地上补。

当然，这件事情我们是报请上级政府，并得到上级相关部门批准同意的。毕竟在农村修路、盖房子变动这样大空间的事情，是要受到相关主管部门规划管控、土地用途管制和行政许可的。

笔　　者：随着越来越多文化艺术家入住小堡村，他们租农民的房，农民住哪儿呢？

崔大柏：盖了三层楼的农民，一般只住上面一层，下面两层通常是租出去的。这对农民来说，也是一笔不少的收入。另外，随着小堡艺术园区入驻的文化艺术家越来越多，文化创意产业发展越来越好，村里农民翻建自家房屋出租的现象逐渐兴起。据统计，仅2016年，村内就有十多户村民翻建新房。

这十几年来，城市人往村里跑，村里人往城市跑变得很普遍。我们可以把这种现象叫作城乡人口双向流动，用句时髦的话说，这也叫"城乡融合"嘛，原住民进城做新市民，城里人、外来人口下乡做新村民。虽然目前国家还没有完全放开，从现实角度看，却是一种发展趋势。

目前，小堡村一少部分村民户口迁到了城里，还有一部分村民在市区买了房，户口还在村里。到小堡村的各种文化艺术家、商家等外来人口，大多是创业型人才，也有很大一部分人工作、生活都在村内，另外有一小部分人只是租房住在村里，工作在别的地方。

对这些人，我们可以简单把他们归类为两类新村民，一类是产业型新村民，另一类是生活型新村民。栗宪庭是宋庄美术馆的第一任馆长，现在已经不居住这儿了，像类似他这样的艺术家，应该属于村里的荣誉新村民。

当然，现在城乡人口双向流动的户籍限制门槛，国家和政府管控的还是比较严的。北京作为首都，人口管控会更严。因此，虽然现在在小堡村创业和生活外来人口很多，但是不能和老村民一样，享受同等的政治权利。

这方面，我们也在努力，争取给这些外来人员创造更好的生活环境和工作条件。同时，也会尽力释放一些相关村民政治权利给他们。这样才能留住他们的心，让他们能把小堡村当成自己的第二故乡。

2. 新村民融村建章立制

笔　者：清产核资和三资管理，这两项工作，小堡村做得应该不错吧？

崔大柏：还可以。小堡村起步比较早，发展得比较好，因此这方面问题出现的比较早，我们重视的也比较早。不过，重点来做这方面的事情，大概是从2005年开始的。产权明晰，可用于市场交易的标的物才能明确。我们也是被市场倒逼的，这方面工作做不好，后面全是纠纷和矛盾。

笔　者：改革开放后，小堡村的人口变迁经历了怎样一个发展过程？

崔大柏：关于对外来人口的管理工作，村里2003年成立了村流动人口服务管理站，有3名工作人员专门负责这件事，他们要对所有外来流动人口和各户出租房屋的情况进行登记。

2004年，村内流动人口普查的数据，全村外来人口共2700多人。那个时候，这个数字已经是村里户籍人口的两倍。2006年，外来人口的统计数据是4700多人；2008年，外来人口增长到6000多人。

2012—2015年，小堡村的外来人口达到了有史以来的最高峰，1.2万多人。其中，主要以艺术家、外来务工人员、商人、企业家为主。应该说，从小堡村的体量和创造更加宜居的生活环境来说，这个量级的外来人口数量，对小堡村来说，应该有点超标了。

笔　　者：小堡村在发展过程中，还占了一些周边村庄的地，是吗？

崔大柏：有这么回事。2007年，小堡村占用了宋庄、大兴庄共410亩土地，通过有偿租用的方式占用。2009年，又租用了大兴庄村121.97亩，租期都是50年。

笔　　者：村里的出租房供不应求，来村里的人，或本村的人，有没有炒房的行为？

崔大柏：基本没有。这方面，我们做了明确的村规民约。具体的租赁工作由村委会具体负责，入园艺术家要和村委会签订入园协议书。艺术家可以在小堡村的艺术园区租赁土地自己建造工作室，土地租用期限最长50年。

另外，艺术家租了地也不能自己想怎么建就怎么建。艺术家要建造工作室，他首先要出效果图或模型，经专门负责这件事的画家栗宪庭审批同意，符合园区规划后，他才能施工。

对入园艺术家，村委会有明确的身份限定。第一，必须具有艺术家身份；第二，在小堡村没有住处；第三，有经济能力建造工作室。对要建的工作室，村委会也制定了明确的最低标准，如要具备生活、创作、展示、会客四个基本条件。

笔　　者：外来人口入住小堡村，对促进小堡村的村庄治理能力的提升，应该有很大压力吧？

崔大柏：外来人口的涌入，是小堡村经济发展的源头活水。对村庄资源活化，村民就业和收入增加，还有村集体经济的壮大，都起到了巨大的作用。小堡村给他们提供了舞台，他们也给小堡村发展带来了机遇。

村庄治理就如水环境治理：从"清澈"到"混浊"，再从"混浊"到"清澈"的过程。这个过程需要时间的沉淀，也为村庄治理能力提高创造了成长机会。

经过这么多年的摸索与发展，目前村里在治理管理工作方面，民事纠纷调解工作方面，还有村民福利和社会保障工作方面，都得到了长足的发展和进步。

在人居环境改造方面，我们的进步也不小。2008年，村内硬化路面4000平方米；2010年，全村铺设柏油路面8.4万平方米，水泥路面4300平方米，新安装路灯215盏；2013年翻修村内街道三条；2014年，移民区硬化路面6600平方米。在公共设施方面，村里建了老年活动站、小堡文化广场、画家村公园、七色塔等；在环境治理方面，排水排污、垃圾处理，整体环境的绿化美化工作，都较之从前有了长足进步。

笔　　者：文化艺术工作者和老村民同处一个屋檐下，生活在同一个村域，不知道他们之间相处得如何？

崔大柏：这是一个关于人和人相处的问题。毕竟是完全不同的两个精神世界的人，想让他们一开始就相处得很好，那也不现实，这需要一个相互适应的过程。

从租村民的房、让村民经济收入增加的角度看，村民是喜欢艺术家的。从生活方式角度讲，艺术家是一群天马行空的人，精神世界很丰富的，他们很难和村民打成一片，也是可以理解的。

我本人对他们是不反感的，甚至还发自内心的感谢他们。没有他们在小堡村生活、创业，小堡村就很难有今天的发展和成就。

村民对他们的接受有一个过程。从2005年举办宋庄艺术节开始，小堡村就吸引了全国各地乃至世界各地的艺术爱好者，云集宋庄。艺术家们把自己的艺术作品搬到公开场合展览，村民看了也就慢慢了解了艺术家们整天躲在屋里在干什么了。

这么多年相处下来，大家也都渐渐适应了，理解了。在艺术氛围的长期浸染和影响下，现在不少村民自己也喜欢上了艺术。练习书法的、学画画的，买几幅艺术家作品挂在自家屋里，似乎提高了村民的审美情趣。

3. 发展村商业，兴旺村产业

笔　者：小堡村村民的收入主要有哪几种来源？

崔大柏：乡村振兴，产业兴旺是第一，说白了就是要能增加农民收入、资源性收入、资产性收入、创业或就业性收入。村集体土地的有偿转让的收入、村集体建设项目的入股分红的收入、自己房屋的返建租赁的收入，这些收入可以归位资源财产性收入。这些收入的组成很复杂。

另外，在家门口就业创业，也能获得一份收入。要知道，生活在小堡村的艺术家，一年的生活开支怎么说也得有个五六万元。还有村集体能给到村民的一些福利性、保障性收入，当然这部分收入不一定都是现钱。

笔　者：小堡村有独立的经济组织架构，还是政经混合在一起的？

崔大柏：党的十九大之后，壮大集体经济，提高集体经济组织能力是国家发展乡村重点强调的。在基层党建、组织振兴方面，小堡村有党总支部，下设四个党支部，分别是农业党支部、企业党支部、老年党支部、艺术家党支部。其中村党支部书记由党总支书记担任，这样可以从村的层面始终确保党管农村工作，统揽全局、协调各方。

围绕小堡村村域资源活化，这些事情主要是村民委员会在做，在独立经济核算这块，村集体并没有严格的政经分开、政社分离。不过，围绕小堡村的产业板块，村集体倒是有四个独立的集体性公司。

随着小堡村文化创意产业的发展，我们成立的北京佰富苑投资顾问有限公司，负责工业区板块的工作；北京市小堡驿站文化艺术有限公司、北京中坝河艺术投资顾问有限公司，负责艺术区板块的工作；商业文化街泰丰龙门管理公司，负责商业街板块的工作。这四家公司分别行使了村委会部分经济职能。从这个角度讲，在某种意义上小堡村还是实行了政经分离的。

笔　者： 小堡村的艺术商业架构具体是一个怎样的结构和分布？

崔大柏： 小堡村是整个宋庄镇文化创意产业聚集的中心，小堡村整个艺术园区的商业结构，主要分艺术场馆、艺术中心、画廊三大板块。

2016年的统计数据显示，村里有艺术机构300多家，艺术家工作室3000余家，其中上上国际美术馆、宋庄美术馆、树美术馆、东区艺术中心、宋庄当代艺术文献馆被称作小堡村五大艺术场馆。

艺术场馆除了这五个，我再补充几个，如小堡驿站美术馆、万山河美术馆、中捷当代美术馆、北京大戚收音机电影机博物馆、晚晴亚美艺博院、北京睎望艺术馆、向村陶艺馆、大河湾美术馆、恩来美术馆、艺术·宫、李学功艺术馆、万盛美术馆、和静园艺术馆、虹湾艺术馆等。

小堡村有四大艺术中心，分别为东区艺术中心、宋庄A区艺术中心、原创艺术博展中心、龙德轩当代艺术中心。其中东区艺术中心由本村村民崔金锋于2006年投资兴建，占地20亩，建筑面积1.2万平方米；宋庄A区艺术中心占地面积8000平方米，兴建于2007年，创建人是刘志福。

国防艺术区也算一个艺术中心，那里面艺术家的工作室比较多，也已经成规模了。另外，村里画廊也不少，几个做得比较早和比较好的，如韩燕画廊、苏蒙画廊、ART100画廊、力波村画廊、多艺斋画苑等。

艺术家党支部是村里面专门成立的一个艺术家服务机构，最早叫艺术家青年创业中心。改名之后，它的职能就转变成了专门协同解决艺术家生活、工作上需要村里服务的一个专职机构。

笔　者： 小堡村的工业园区和商业街板块的结构和分布是怎样的？

崔大柏： 村里的工业园区起步最早，于1998年3月6日破土动工。

经过 20 多年的发展，也形成了一定规模，也是村里重要的产业支撑。截至 2016 年，园区内共有企业 130 余家。

这里面我重点说几家企业。如北京蓝军电器设备有限公司，生产厂区有一万多平方米。北京顺恒达汽车零部件制造有限公司，占地面积有 11000 平方米。北京广玉德视觉艺术股份有限公司，小堡村是其总部基地，这家公司在全国十几个省市都设立了生产基地及分公司。

商业板块，2016 年时村内有康特尔福、华联、亿发、福海绿源四大超市。商业板块的起步，得从 2003 年修建完成的那条商业街说起。那条商业街建成时，店铺有 150 家，长 1000 米，还有一个 1.5 万平方米的商业广场。2010 年，商业街的商家有 1000 多户。直到 2016 年，商业街门面一直保持着 100% 出租率。

在小堡村，吃也成了一门艺术。2016 年，村内共有餐馆 180 多家，酒店 3 家，主要集中在商业街。全村特色餐饮店共有 20 多家，如苹果树下餐厅、米娜餐厅、大红大紫四合院、同里香、荷香居、风子宴、素时代、玫瑰小镇咖啡厅、向村陶艺咖啡、栗树咖啡馆、仙茶美、一味海茶楼等。

（三）软治理和再创新

在已知的乡村振兴示范案例中，小堡村是一个特殊的存在。我们很难用成功与否来简单定义它。

它不是城中村，却有着一点也不弱于城中村的繁华。虽在北京东六环外的乡村，但生活和工作在那里的人，却有着不输于城里人的潇洒和自信。它有着强有力的村级组织，有着数额不小的村集体经济收入，还有令人艳羡的村民保障、福利和收益分配。同时，还有着超过老村民数倍的外来新村民，使得村内的产业、商业不仅自成生态链，还有整体的品牌影响力。

有人在反复强调，乡村是一个有机生命体；也有人告诫，乡村社会正遭遇解体；还有人主张，乡村振兴需要资源活化和再集体。持相反观点的人认为，发展乡村的关键，在于还权于村民，让市场在村庄发展和资源配置中起决定性作用。

有趣的是，作为一个充满生机的有机生命体，小堡村曾出现固有社会组织解体的现象，之后又出现了资源解放所催生出的市场活力，还有持续壮大的集体经济的内生动力。

未来乡村是什么样？乡建圈一直有人在试图将其描述清晰，并用一个个艺术化的营建方案，诠释着它相对于城市的新价值和隐居乡里的奢侈。若把小堡村的现在当作其他村庄发展的未来，那么当下的乡村发展方向，既非一些人想象的浪漫和看上去的美好，同时也不是一些悲观者固执己见的绝望与悲催。

小堡村的特色，在于它更像从未来射向当下的光。作为一种难以被人客观理解的兴村现象，它可以让那些正陷入迷茫、困惑，乃至绝望的村庄，依稀能看到向前探索的方向。

1. 资源整合起来的重要性

我们要在对的时间，做好对的事。20世纪八九十年代的小堡村，和别的村的发展本质上没有多大的区别。真正和别的村拉开发展差距的重要历史节点有三个：一是2000年左右的村集体发展工业大院；二是2005年后村与镇捆绑联合，落地实施文化强村战略；三是北京行政中心东移，小堡村进入文化战略再升级和第三方介入的整体运营阶段。

当时小堡村是北京市政府号召和鼓励村镇大力发展工业大院。能不能干，敢不敢干？下这个决心，需要村集体带头人的魄力，能不能干成的关键则在村集体带头人在村里的公信力。因为做这件事的重心，在于村级组织能不能把已经承包给村民的土地再次集中起来。

当时的小堡村紧跟形势。在村党总支书记崔大柏的带领下，小堡村做到了。为了做好让村民集体入股这件事，小堡村大约花了四年时间。村民从不相信到排除疑虑，从讨价还价到达成共识，从少数人愿意到多数人愿意，从两套方案到合并成一套方案，这是一个土地资源再集体的过程，也是一个民心震荡的过程，更是一个集体意志统一的过程。

将分散的资源统合起来，是一件极其复杂的事情。涉及村民对村级组织的信任，愿不愿意将承包经营权委托给村集体经济组织。同时，这也是对村集体带头人人品、公心和能力的一次最大考验。把村民组织起来，将民心统一起来，将资源整合起来，是村集体能不能发展工业大院的前提和基础。这件事弄不成，后面的事将无从谈起。把村域资源整合起来是发展壮大村集体经济的手段，也是目前很多村想干，却因没有给力的村集体带头人而无法做到的原因。这里面需要的强调的是，把村域资源整合起来的目的，不是利用村域资源整合的机会服务于少数人，也不是个别人中饱私囊，而是要以此为抓手，增强村级组织帮助村民致富。

通过村域资源的集约利用，让村集体经济组织代表全体村民和市场打交道；通过村域资源集约溢价的可能，充分发挥村集体的优势，获得更多市场收益。这是村集体带头人通过村集体经济手段，更有效服务村民的能力建设过程。也就是说，不断提升村集体带头人服务村民的能力，把村域资源有效整合起来，才能增强村集体经济组织。

2. 村镇捆绑，重塑价值

村域发展空间再定位，资源使用价值再提升，是小堡村经济社会发展过程中的一次重大转折。发展再定位、价值再提升，说说容易，真要去做，甚至能做成，两者之间则有着天壤之别。小堡村之所以能成为今天的样子，基本是从"无中生有"的发展战略转型开始的。

所谓小堡村的战略转型，就是从工业大院强村向文化强村的新发展目标转型。至于为什么要转？向哪个方向转？大家同不同意转？解决这些问题是转型成功的核心。2004年，新上任的宋庄镇党委书记胡介报是推动小堡村战略转型第一人。而他的魄力和眼界是带领宋庄镇迈向新局面的最大支撑。

要么干大，要么回家。这是强者做事的风格。做工业大院时，更多人看到的是经济机遇，而胡介报书记看到的却是因过渡发展低效能工业所带来的生态严重破坏。转型，向哪个方向转呢？对新的发展战略，我们很难指望一开始就能得到所有人的认同。这样的大事谋定，更多只能靠关键少数人的眼界、决心和勇气。

文化强村、文化强镇。不让大家看到实实在在的经济利益，讲再多也没有用。制定吸引文化艺术人才进村的相关政策和制度，才是托起小堡村发展的制胜法宝。

从本质上看，村和镇的空间价值再定位，其实是村和镇的一次捆绑实验。乡与村、镇与村，还有街道，它们原本就是一家。关于村和镇如何融合发展，从而实现整体发展，小堡村和宋庄镇率先交上了一份答卷。

3. 厘清村庄发展的各方关系

当前乡村振兴发展的最大难题是，代表全体村民利益的村集体带头人，很多其实并不具备与市场主体打交道的能力。

这种能力的不足，主要突出表现在三个方面：一是村集体带头人不知如何有效地利用村域资源资产发展村经济，从而造成村域资源统合不起来；二是由于没有明确的发展定位，在资源利用过程中，村集体经济组织很难成功导入与其发展定位相适应的产业和商业；三是在壮大村集体经济过程中，搞不清村"两委"、村集体经济组织、村集体经济组织成员在市场中的关系。

当前，小堡村对乡村振兴发展的最大启示和价值是什么呢？主要在小堡村与市场各方主体在打交道过程中，村集体带头人的战斗力得到了洗礼，村集体经济组织成员市场能力获得了快速成长。同时，村集体经济组织成员能力在成长过程中，村内所形成的商业系统，以及这种商业体系背后潜藏的张力和内生动力也在不断增强。

市场各方主体涵盖面很广。围绕艺术创作和经营，这个主体主要包括：一是各种不同类型投资的商业主体，二是参与其中的市场个体，三是为艺术家群体提供相应配套和生活服务的其他市场服务方。例如，租赁农民房屋及村集体经营的艺术园区、商铺、公寓的艺术家和商户等。

老村民、介入市场的服务方、村级组织，三者之间是三个不同的市场交易主体。仅从交易层面看，三者之间是一种彼此相互独立的租赁关系。其中有村民和外来租户的交易行为，也有村级组织与特殊人才的合作，还有村级组织用新的合作方式，引导村民与外来商业主体所建立的新的合作方式。

这是一个发展定位不断明晰、相关人才不断汇聚的过程，也是村域资源资产不断活化并持续溢价增值的过程。在这个过程中，无论村集体经济组织还是其成员，其利用村域资源资产与市场打交道的能力都得到了锻炼和成长。尤其是村集体经济组织，通过治理服务的优化升级，使得村集体经济社会发展的综合质量都得到了大幅度提升。

4. 村产业园区运营思考

如今的小堡村毗邻北京市新的行政中心，是一块需要重新审视的空间价值洼地。在功能和经营上与时俱进，进行及时提档升级，才能迎接并抓住新的发展机遇。现在的小堡村是很多村庄渴望的未来，而未来的小堡村又将向何处去呢？

整体运营、资源管理、治理服务提升，这些都是推动小堡村经济社会发展的新抓手。整体运营分两个层面：一是村镇对已经资源集体化的工业大院园区和文化艺术产业园区的整体运营，二是村集体经济组织对村民宅基地的部分进行引导性整体运营。

其中，工业与文化产业园区的整体运营较为复杂。当年，小堡村在村域资源集约化后，村集体经济组织利用农田转工业用地，发展工业大院的办法，探索出了村民致富的办法。后来，在转型发展文化产业过程中，出现了一个较为复杂的工业用地复垦还绿的过程。当时小堡村因部分工业已用来发展文化产业，还有经镇域综合统筹，用村域内建设用地"飞地"抱团的办法，将其他村域的部分建设用地指标集中到了小堡村。

这一部分的整体运营涉及多方利益的妥协与平衡。例如，在整体运营过程中，镇和村之间收益应该如何分配，镇域和当初"飞地"过来的村是否需要建立一个二次分配的机制？另外，既然是整体运营，那么运营的主体，即第三方市场合作方，在镇与村之间建立一套什么样的合作关系？是第三方受镇村委托完全独立运营，还是双方联合运营？

围绕这个版块的乡村产业发展，第三方运营主体和这个区域内的治理主体之间，即运营和治理之间是一种什么样的协同关系呢？

还有一个不得不深思的问题：这个区域的治理主体是以村为主、镇村同治，还是以镇为主、村庄协同？从村域空间资源所有权的归属来看，以小堡村为治理主体、镇域协同，应更为公平合理一些。

5. 村庄宅基地再合作利用

这部分内容主要围绕村集体经济组织对村民宅基地引导性的整体运营展开。何为引导性整体运营？就是村集体经济组织根据村民宅基地资源使用效率的情况，通过自愿的方式，将低效使用宅基地的市场经营权委托给村集体经济组织；并由村集体经济组织统一对外进行产业招商。

这是新老村民合作过程中，处在大联建与小联建之间的一种合作建房与产业经营形式。通过这种方式所招募的市场主体，也可以称之为产业新村民。至于合作建房的具体形式，应精准施策、因户因地而异。

这种发展思路，实施办法主要体现在以下五个方面：

第一，没钱建新房的农户，先将自家的宅基地市场经营权委托给村集体经济组织，然后由村集体经济组织具体负责产业招引，或委托第三方市场主体进行产业招引。

第二，村集体经济组织，或第三方所招募的产业新村民，可在五年、十年、十五年等节点的不同合作期限内，在行政许可和依法依规前提下，自行出资在村民宅基地上建产业用房。

第三，产业新村民根据产业发展需要，建设自身所需要的房屋建筑，并在相应的合同期内自负盈亏进行经营。

第四，合同到期后，产业新村民将房屋建筑（地上附属物）的所有权，通过村平台公司（村集体经济组织或第三方服务主体）移交给原农户，并归其所有。

第五，在所有权移交后，产业新村民可用租赁形式，继续在新建的农房里做产业经营，并享有租赁权优先待遇。价格可根据具体市场行情，协商确定。

从具体操作来看，这是一种比租赁更复杂的深度租赁合作关系，可满足村民无钱建新房和住新房的问题。为达成此目的，村民须让渡五年、十年、十五年等期限的经营使用权。五年、十年、十五年后，村民可选择继续对外租赁，也可自用。经过前期的探索和相关机制完善，这种合作方式正成为小堡村整体运营村宅基地的一种新方式。同时，为使这一合作方式顺利推行，小堡村村集体经济组织可向采用这种方式合作的产业新村民，通过释放老村民才可享有的部分村民政治权利的形式，如选举投票权、治理参与权、子女教育权等，增加和提升新村民招募的效率和质量。

最后，小堡村也可以以此为突破点，通过更加有效的村域资源管理和服务，提升对村内外来户的治理服务水平，增加外来户有序深度融入村庄和老村民自愿有偿退出村集体经济组织的市场化操作的可能性。

九 要素融通
河南省平顶山市郏县冢头镇李渡口村

对话·鞠利

　　鞠利，河南产业互联网研究院院长、中国农业大学硕士生兼职导师。曾任大型金融投资集团高管。探索利用组织手段和数字技术推动乡村金融创新、城乡间要素有效流通与融合。一直在国内实践与推广县域"一司一社一平台"与金融下乡服务体系，协同地方搭建集政府、机构、村级组织、农户于一体的共建共享创业就业孵化平台。

什么样的村庄算是已经振兴了的村庄？如果只围绕村庄的脏乱差，做垃圾分类、污水治理、厕所改造、村庄美化亮化等人居环境整治，就可以了吗？其实，这些举措只是解决了"乡村如何美起来"的问题。至于如何做和做什么才能让乡村富起来、强起来？这是县域乡村各方主体普遍感到困惑且无从下手的事。

基于发展县域、乡镇和村域乡村振兴的乡村运营服务方，应该思考做什么和怎么做。破解这一系列问题的关键在资源活化、要素融通。那么，应该如何活化资源，应该怎样实现要素融通呢？这恰是河南产业互联网研究院乡村振兴创新中心团队，十几年一直在探索和践行的事。

（一）集体资源再活化

乡村发展，大家普遍关注的是村域资源如何活化的问题。四川省战旗村党委书记高德敏关注的，是村资源如何集约和村自治章程如何完善；山西省振兴村党委书记牛扎根关注的，是村上30亿集体资产如何活化和运营；北京市小堡村党总支书记崔大柏关注的，是村民自治权利如何强化，产业如何升级，治理如何完善……

围绕资源能不能活化，该怎样活化，其最终考验的，是基于村级组织进行村庄治理的能力建设的问题。乡村治理是乡村振兴的基石。村级组织能力越强，村域资源活化的可能性越大。乡村治理越得民心，活化资源的手段就会越多。河南产业互联网研究院乡村振兴创新中心（以下简称"创新中心"）所做的事，从本质来说，就是利用数字技术、财务手段和金融工具，通过乡村资源资产数字化的能力建设，增强乡村资源资产管理和运营效能的治理能力。

简而言之，创新中心要做的事可概括为五个部分：一是服务于县域乡村资源资产管理与活化的村庄数字化能力建设，二是围绕县域乡村数字化能力建设展开的示范村资源对价服务和金融协同服务，三是围绕县域经济发展的资金解决方案服务，四是县域乡村三级治理和村集体经济壮大服务，五是县域乡村发展系统性解决方案提供的咨询服务。

村集体经济组织所拥有的生产资料和生活资料，对农民来说具有生存的保障性作用，是不被允许随意在城乡之间进行市场交易的。基于此，我们应该如何实现城乡之间要素的有效融通呢？村域资源资产的有效管理及数字化金融服务，是确保乡村资源资产有序且安全入市交易的保障。同时，村域资源资产的要素融通是构成"要素"的核心组成部分。

想要实现村域资源资产在城乡之间有序流动，对村域资源资产的管理就成了必不可少的环节。而这也是让乡村富起来和强起来的关键。

推动城乡间要素有序融通，可助力党委政府、村级组织、企业、社会组织等各类主体，开展一系列工作提供有力支撑：一是有效开展县域乡村建设行动，实践探索具有可持续性、可推广性和可复制性的方案模式；二是着力发展县域乡村数字经济，提高县域乡村数字化治理效能；三是为推动县域乡村振兴取得新进展、县域农业农村现代化迈开新步伐、数字中国在县域的建设取得新成效等。而这些内容，恰是创新中心正在做的事情。

1. 整合资源是融通基础

要素融通到底融通什么？这个问题可以从县域和村域两个视角来分析。

城乡融合，从县域视角看要素融通，更多是指县域经济发展的转型升级。而要实现这个转型升级，就要不断推动要素融通的制度设计，以公司化治理为制度框架，利用数字化手段，建立融通城市资本、人才和乡村资源资产的全要素对价交易机制。

要素融通操作的重点与路线方针大致如下：围绕村集体股份经济合作社、乡镇联合社、县域资产管理公司，搭建一套从下至上的县域乡村资产管理架构和一套自上而下的县域乡村振兴投资运营架构。在实现了村域资源资产数字化管理运营的基础上，通过规划设计、引入新业态、孵化各种新介入主体，提升县域乡村资源资产价值。

然而，要想把这件事做好，绕不开村集体股份经济合作社的建设。这件事必须做深、做细、做透。这是该中心做县域乡村资源资产管理服务所绕不开的。这是乡村振兴的地基工程。地基不牢，地动山摇。这件事做不好，整个县域乡村振兴数字化解决方案服务体系，就会面临随时可能轰然倒塌的风险。

城乡融合，从村域视角看要素融通，是把村集体经济组织中闲置和低效使用的资源资产组织起来是重点，通过科学分类与合理定价，将其对价出去、活化起来。值得注意的是，在这个过程中，要确保村集体资源资产收益在村集体、农户、市场主体间的分配公平。

经过 40 多年的改革开放，想要把村域资源组织起来并不是一件容易的事。想组织起来，就必须把村民动员起来，把散了的人心聚起来，把村集体经济组织建起来。

2. 一个定位，两个侧重

以村集体股份经济合作社的形式把资源组织起来，是村资源资产管理的前提。这里面涉及村域资源资产与村民协商议定的初次定价，还有围绕村庄发展预期，在第三方资产评估专业机构的协同服务下，与村集体、介入市场服务方达成共同认可的二次定价。

这是一套运营机制，需要构建各方不同主体之间相互关系框架与责权利的边界。只有把各方的关系与边界划清了，在后续资源利用阶段，大家才能各就各位、各尽其职、各美其美、美美与共。

在这个过程中，创新中心为村域资源资产活化提供一套系统性的解决方案。这个方案要分两个方面来说：一方面是面向市场一端资源对价前期的要素数字化服务；另一方面是面向县域政府一端，为县、乡（镇）、村三级资源资产管理和运营平台，提供一套标准化融通服务体系。

关于要素数字化服务，需要在完成乡村产业发展规划的基础上，围绕资源规划与招商定位，提供一套产业乡村数字化和数字产业化服务。其服务内容包括三个方面：一是找钱，为解决乡村发展所需资金从哪里来，提供资金解决方案；二是当有了启动资金后，为有效使用资金做管理服务；三是围绕不同发展阶段的资源有序活化，提供招商服务。

面向县域政府，创新中心可为县域资源资产管理和运营平台服务，提供乡村发展的系统性解决方案。

以村为单位的资源活化，是乡村运营的村域微循环。以县域三级资源活化的运营，要确保乡镇小循环和县域大循环的有效融通。其中，乡和村融通一体化联合社建设是实现乡村小循环的关键。在这个过程中，使村级合作社与乡镇联合社完成良性有机互动，是推动乡村现代化的重要一步。

关于这方面的操作，创新中心团队曾在河南省林州市石板岩镇进行过实践探索。

3. 要素融通，乡镇怎么做？县域做什么？

乡镇一级在创新中心团队服务下，一是项目经理通过调研区域内的资源分布、风土人情、治理特征，制定整体解决方案；二是协同乡镇党委、政府深入基层走进群众之中，开展走村串户的群众动员工作，激发村民内生动力；三是让百姓从"要我干"转变为"我要干"，引导与激励其参与到村集体经济发展当中来。同时，还要增强乡镇干部的集体意识，把壮大村集体经济融入乡镇党务、政务的日常工作之中。

唯有如此，才能通过强化乡与村之间的干群关系，夯实乡村治理基础，提高治理效能。关于这方面，鞠利曾带领团队在河南省平顶山市郏县冢头镇李渡口村做过实践探索。李渡口村的案例主要是以信用合作实现了资源集中，打通了乡村生产、生活与公共服务的壁垒。

县域一级在创新中心协调服务下，实现从下至上的县域乡村资产管理。这部分的管理架构设计主要由"农户 + 村集体股份经济合作社 + 乡镇联合社 + 县域资产管理公司"组成。

加强村域资源资产的有效管理，为的是更好地实现村域资源资产的运营。从上至下的村域资源资产运营该如何操作呢？创新中心团队通过合作社、联合社的资源资产折股量化后，纳入县域资源资产运营公司。

在县域资源资产管理平台上，村集体股份经济合作社和乡镇联合社主要承担资源资产管理功能，其与县域平台是一种业务协作关系，可承接各类基建、专业性不强和风险较低的经营性项目。

县、乡（镇）、村三级在基于治理能力提升的同时，村一级以深化农村产权制度改革为重心。乡镇一级通过开展综合性经济合作，以村与村联合的形式，作为自己的工作重心。县域一级则可通过信用内化操作，形成从下至上的资金运营体系，从而充分释放农村数字化金融红利。

（二）准点突破，全面升级

鞠利团队在李渡口村的实践，是十几年相关经验积累总结之后的再出发。带着资金，带着人脉资源，更带着勇气，他们开启了帮助村上多挣钱的实践探索。其团队将新的业务重心锁定在县域资源资产管理与运营及县域乡村数字化赋能上，围绕顶层设计、金融服务、整体运营、要素活化等，为李渡口村重新构建了一套村级组织如何进一步做强村庄的发展路径。目前，创新中心的服务对象主要是县域政府。

1. 自我提升的五个阶段

笔　者：您在农村工作有多长时间了？

鞠　利：我在乡村工作已很久了，大学还没有毕业就已经做农业农村的事了，到 2022 年差不多有 20 年时间。

在农业产业化道路上，我吃过亏、栽过跟头。大约十年之后，我才发现农业龙头企业带动下的农村合作经济发展是十分困难的。我通过调研学习日本、韩国和我国台湾地区的"综合农协"之后，开始在我老家的一个县里做实践，干了近三年。

再后来，我进了一家大型金融投资机构，补一补自己资本运营专业能力和政府资源协调能力不足的短板。在推动乡村实践创新方面，我觉得无论是从下至上的农民组织动员，还是自上而下的要素融合，都不能从根本上解决乡村发展的问题。

笔　者：想要解决村庄的发展问题，您觉得应该怎么做呢？

鞠　利：我认为想要从根本上解决乡村的发展问题，最终还得回到村庄这个最基础的治理单元。接下来，我想从我个人的经历出发，从五个阶段的认知与实践，谈一下我的看法。

第一个阶段是内置金融。

2011年，我还在农业产业化企业任高管。那个时候，我得知李昌平在河南省信阳市的郝堂村做内置金融和村庄共同体实践。对于李昌平基于以养老为入口的资金互助模式，确实让我眼前一亮。也正是通过他的实践，让我感受到在村域内部做要素融通的可能性。当时，我认为"内置金融"对乡村治理有较好的强化作用。

2015年，我邀请贾林州［现任国仁城乡（郑州）科技发展有限公司总经理］一起组建了公司，并参与了河南省平顶山市郏县冢头镇李渡口村的乡村发展实践。那会儿，我希望通过村内组织建设为基础，探索服务乡村的标准化产品。

第二个阶段是"守护大地"模式。

很久之前，通过阅读藤田和芳著作《一根萝卜的革命》，让我受益颇多。随后，我开始大量整理关于"守护大地协会＋守护大地会社"的相关资料。2012年，我结合他们的相关做法，在河南省泌阳县做了一次县域"投资公司＋合作社联合社"的探索实践。

这次实践涉及泌阳县8个镇11个乡，参与成员达到6万户，有两亿多元的资金规模。当时的做法主要是通过合作社及联合社进行土地托管、开办商场、建仓储基地。当时，我所进行的实践探索引起了国内顶级专家学者的关注与驻场调研。

第三个阶段是村集体股份经济合作社的实践。

2016年之后，国家开始大力推动农村的产权制度改革。从那个时候开始，我们希望通过软件的方式把内置金融及合作社的服务形成标准化产品。当时"SASS平台"还处在起步阶段。围绕如何把内置金融、村集体股份经济合作社、现代金融科技打通，我曾找过中国建设银行总行的相关领导，包括进入中民投集团（中国民生投资集团）做高管，都是在寻找把合作社、联合社与现代经营主体进行融合交易的途径。

第四个阶段是利用金融机构介入的方式进行的路径探索。

从2013年开始，国家提出要发展壮大新型农村集体经济。但是，长期以来金融机构、社会组织对于农村集体经济的主体性一直是不予认可的。于是，我就结合集体经济的公有制属性，假设农村集体经济主体为行政村的央（国）企，把农民看作以户为单位的私有小微企业。基于这样的认知，我把村集体经济组织与农户的链接机制，定位成了一个个"类混合所有制"企业或公司。

按照这样的认知逻辑，我认为就可以在金融机构设立为村集体经济主体服务的对公业务。农户的个人银行卡继续遵守银行的零售业务管理模式，所不同的是，要把对公的农村集体经济中归属农户部分的数据以银行卡（也可以是身份证）为ID融通数据库，实现农户与村集体经济之间的融通。

第五个阶段是对国家信用传导的认知提升。

我认为，在本质上，央企与地方国企都是承接国家信用开展经济活动的。如果能借助央（国）企的公有制属性，为乡村公有制属性的自然生态资源赋信，并在县域内部通过县、乡、村三级联动，以定位、定量、定权、定价、定股形式，完成对非标化的自然生态资源标准化，就可以从根本上实现乡村资源活化。而这也应是要素融通的关键。

由于要素融通涉及的知识边界太多，我也是在兜兜转转的状态下，屡战屡败和屡败屡战。通过相互交织的这五个阶段的实践，我对乡村的认知也从最开始的碎片化朝向系统化努力。

笔　　者：您和李渡口村有何缘分？

鞠　　利：李渡口村位于河南省平顶山市郏县县城东北蓝河岸边，距县城 8 公里，三面沃野，一面临水，村内有古寨墙、护寨河，村内 1400 多人。明末清初时，寨内人口逾千，商号几十家，有酒馆、药铺、花行和染布行等。在 1949 年以前，李渡口村由于蓝河漕运的繁盛，成为区域内东西交通的一条纽带，一直发挥着渡口作用。

早在 2015 年，我们就参与了李渡口村的发展。为什么会选择这个村呢？当时经乡村建设志愿者张雷的引荐，我参与并推动了"古村之友"汤敏在李渡口村召开的"古村之友线下交流会"。正是因为那次的交流会，我和李渡口村才结下了缘分。

笔　　者：你们在李渡口村主要做了哪些服务？

鞠　　利：最开始的时候，我们这边是由贾林州带队，以华谷美丽乡村发展公司的名义开展工作。最早的工作是辅导村上做内置金融合作社。

当时华谷公司以"10 万元现金 + 部分咨询费"作价入股到该村的资金互助合作社。2019 年，我在"中民投"负责公司的乡村振兴项目。其间，为了探索合作社及联合社与企业之间的合作机制，在李渡口村实践的基础上，我们又向李渡口村的村级股份经济合作社养老互助金融的资金池里，注入 30 万元现金。

我们做这件事的目的，就是要推动内置金融合作社嵌套入村集体股份经济合作社。当时国内的村集体股份经济合作社都发证了，但是大部分这样的合作社都是没有业务的。因此，我们希望通过内置金融合作社来对价村集体股份经济合作社的资产，然后再把内置金融合作社变成村集体股份经济合作社内部的一个可运行的管理服务平台。

站在村域资源资产管理服务的角度，这个村确实有很大的资源活化可能。借助村集体股份经济合作社平台，我们通过多轮的组织动员，形成了房屋的资产股、土地的资源股，加上现金股和劳务股的村域微循环系统，初步搭建完成一个多要素的折股量化与收益分配机制。

当时，李渡口村的村"两委"十分给力，村、镇书记也非常配合。随后，我们以李渡口村为抓手，启动了以镇为主导的其他十个行政村，并搭建一个镇级联合社。在这个过程中，李渡口村从早期的50多万元资金起步，慢慢发展起来。

2. 打通金融，让村集体增收

笔　者：你们在李渡口村的实践还顺利吧？有没有遇到一些意想不到的阻碍？

鞠　利：这些年我们在村里尝试了各种各样的方法，如今回头一看，感觉有像过了几辈子一样，有太多的不容易了。整个过程，我们需要坚定信念、明确目标、曲中取直。

从内置金融到金融科技的过渡，并不容易。通过对内置金融的学习与实践，我们明白了一个道理：村庄内部有一套约束机制和内部互助的文化基因。其中，人情交织、救急不救穷、产业项目介入不足等现状，对村"两委"的经营能力、道德情操等，都提出了更高的要求。

为了推动李渡口村的发展，我当时就在想：能不能把村集体股份经济合作社的管理要求、内置金融合作社的运行逻辑，借助数字技术、财务手段、金融工具和银行的对公业务管理服务，把这三者打通呢？

笔　者：村集体股份经济合作社、内置金融、银行对公业务这三者打通，在当时也算是一个创新吧？

鞠　利：是的。当时每个村庄，人民银行基本上都有普惠金融网点，各大银行都有普惠金融的任务。那会儿，河南省在乡村的金融网点数量已经达到 4 万多家。然而，由于没有融入农民生产生活中，河南有六成的网点基本处于亏损的状态。

银行在乡村做的事情，更多只是揽储业务，至于基于金融嵌入农民生产生活、公共服务，为乡村产业发展赋能，大多只是停留在宣传层面，并没有实质性的深入。因此，在乡村金融服务方面，银行做得更多的只是吸收新储户和办发卡业务。至于对作为经营主体的村集体股份经济合作社，银行方面并没有一套行之有效的解决方案。

为了探索将三者打通，当时我还专程跑了几趟北京，与中国建设银行总行负责人沟通我的构想和初步的解决方案。后来，经总行推荐，我与中国建设银行河南产品部负责人商定，可以结合他们正在试点推广的供应链"生态圈"金融逻辑，探索一条把农户、新型农业经营主体（农民合作社、家庭农场）、村集体股份经济合作社融入县域的路径。

当时，我关注的是中国建设银行能不能进来。如果可以把内置金融、村集体股份经济合作社的股权互助交易，同银行的供应链票证流转结合，就可以实现我的构想了。银行属于特许经营的持牌机构，一是它可以做合作社账户资金委托管理；二是它可以借用现有的集团企业账户管理系统，把合作社内部的交易流程标准化；三是银行在吸纳新储户发卡的时候，可以把农户个人的银行卡与家庭资产的数据打通，完成对农户家庭资产的记账和流转。

银行卡记录的是个人的钱，以这张卡的账号作为 ID 和记账凭证，打通家庭账户数据库，记录家庭的产权关系和资产明细，就找到了个人和家庭、家庭和村集体经济组织的连接通道。

不过，当时由于我的这个构架受数字技术、金融监管、乡村政策等限制，想要具体落地实施，还是比较困难的。因为那时我国的支付工具和数据库应用管理系统还不够完善，很难做信息系统的数据集成。不过，在此我要特别感谢中国建设银行河南产品部负责人对我工作的支持。

2016年，我与各类金融科技团队合作。直到2019年，我在"中民投"负责乡村振兴项目时，才把交易机制和业务逻辑梳理清楚，即一个主账户里面套嵌多个虚拟账户，如现金账户、股金账户、资产账户、劳务账户、信用账户、积分账户等。

为了能像支付宝一样灵活好用，我们采取Sass系统的开发路径，并取名"合作E家"。在数字乡村板块，当时我们的一期DEMO开发用了80万元，二期开发预算是350万元。同时，在河南省郑州市的龙子湖国家级大数据试验区的创意岛孵化器大厦十楼，我们计划斥资1200万元装修"未来乡村"数字展厅，把数字技术、财务手段和金融工具赋能乡村生产生活、公共服务的场景呈现出来。

我们一期开发的目的，是把交易放在云端处理，实现零售端个人账户的手机银行和企业对公账户的数据库打通。签署三方协议（银行、村集体、中民乡邻公司），银行主要承担账户管理、资金的存贷汇管理，涉及持牌业务的合规性准入。我们是科技公司，负责把合作社内部交易逻辑固定下来，嵌入科技系统直连银行。一端连接手机银行和对公交易系统，一端交付给村集体，协助村"两委"参与日常管理运营。

关于村资源资产这一块，我们以农业农村局、自然资源局的数据库为依托，重新确权录入数据库，以此作为交易和流转的依据。

这场乡村金融数字化实践，可谓轰轰烈烈。当时我们公司联合河南省政府、中原银行签署了100亿元规模的国内首支乡村振兴基金。河南省政府也以破天荒的效率，三个多月就批复了首期十亿元的政府引导资金。当然，后期由于公司资本金的问题，导致产业基金项目停滞。

笔　者：当时你们有没有围绕村域资源资产做一些较为具体的落地

服务？

鞠　利：当时我们已经做技术参数了。

在做数据采集的时候，我们以户为单位，涵盖资源、资产、资金、劳务、教育背景及家庭成员，还有村域内外的各类关系等，做了对应的采集。以房屋的资源资产为例，我们会按"平方"配一个参数，这个参数是多次定价，最初是和村民协商由村民自己定价，也叫资源资产化的"初次定价"。

村委会定价形成的这个参数，是由村委会和我们及第三方评估机构给出的定价。在这个环节，我们称之为"二次定价"。而村委会定价只是一个佐证性质的定价，但是我们据此把它形成一个资产包。通过这么一个流程，农民的资源资产和我们之间的经济利益关系就建立起来了。

我们和农户的关系建立起来了，我们和村集体经济组织之间的关系也就建立起来了。当时，我们给李渡口村投了30万元，以机构股东的方式嵌入村集体经济组织。这样，我们就可以以协助者的身份，推动构建农户和村集体经济组织之间的关系了。

我认为，我们其实更像乡村建设的技术服务方。动员村民入股，将土地经营权和房屋使用权向村集体经济组织集中。如此，我们才能把村庄的资源资产及其他要素整合到村集体经济组织，并进一步给村庄发展赋能。

笔　者：在接下来的实施过程中，你们是如何操作的？

鞠　利：很多时候，我们需要用老百姓能听懂的话来做群众动员。在壮大农村集体经济和增加村民收入的具体工作中，我们有很多简单明了的说法。例如，"有房出房、有地出地、有钱出钱、有力出力、没钱没力出主意、没有注意多呼吁""你对地、我对钱、你来管、一起干、挣了钱、再分钱"。为了提高我们在基层的工作效率，还编写了《村级合作社说明书》《村集体经济26问》等。

我们在李渡口村完成资源的重整后，把市场经营权交给村集体经济组织委托的招募运营商与合作伙伴。如果商家和外部产业没有招引进来，农户可以继续持有。所不同的是，农户只能享受到与村集体经济组织相对应比例的集体资产收益。

在活化资源、引入产业阶段，这个过程是非常灵活的。如开民宿，做游学、种养殖、建博物馆，以及其他相关乡村产业。资源活化可以是单个租赁，可以是农户反租自营，也可以是介入的中小工商企业和村集体合作联营等。不同的合作方式，获得的收入自然有所区别。而若仅从资源整合的收益分配角度讲，我们采用的主要是"保底+溢价分红"的形式。

所谓保底，就是不管市场主体方挣钱不挣钱，该给老百姓的钱你不能少。也就是说，这个风险要由村集体经济组织和商家来承担。溢价的增量部分，怎么做分配设计，要根据参与的不同比例，决定谁拿大头，谁拿小头。

最初，主要是由本村村民和村级组织自己干。后来，随着经营有了起色，外面的运营方、文旅公司也就陆陆续续进来了。这个时候的重点是要把村庄的账目厘清。例如，李渡口村的白酒容器博物馆，就是镇上出的租赁费。

笔　者：各种运营主体进入这个村，日常是由谁来管理呢？

鞠　利：村庄运营的日常管理，主要由村委会领导下的村集体经济组织和市场协同服务方来做。当时的签约方，即村级组织、村集体股份经济合作社、外来旅游公司。

村级组织和村集体股份经济合作社主要做一些村内投入较小的事。外面的旅游公司做的主要是整个村投入比较大的一些项目，多是本村人做不了的，如滑道、索道、垂钓、游乐园等。李渡口村后来被评为AAA级景区，其投入的资金主要通过日常经营收回成本。

在整村运营过程中，乡镇一级做什么呢？他们主要负责出台各种相应的政策，围绕土地的使用定规矩、建机制，提供报规报建（设计方案和建设施工方案报自然资源和规划局、住房和城乡建设局审核）服务等。这也是一项十分重要的工作，可以为村庄发展创造更好的营商环境，使村庄的经营管理更加规范。

在村庄发展进入到第二个阶段的时候，我们也曾建议村上是否可以提取一部分收益给镇的联合社。这有点"村提留镇统筹"的意思。不过，我们的这个提议并没有得到落实。

为什么呢？因为平时镇级的政务工作本身就很忙，压根抽不出人手搞经营。联合社是成立了，组织架构也设计好了，但是本身并没有起到什么作用。主要原因有两个：一是人手不够，二是经营人才短缺。因此，我们当时很多好的想法仅停留在了规划阶段。

因此，实事求是地讲，落地实施确实比我们当时预估的要难很多。

3. 一司一社一平台

笔　者：这个服务项目已过去六七年了。如果这个服务项目放在今天，你会怎么做？

鞠　利：如果是放在今天，我们实施的路径和方法就简单便捷多了。现在很多县域都成立了农投公司。我每到一个县（区）调研，就特别建议当地政府专门成立一家针对乡村振兴的专项投资公司，并由这家公司和村集体股份经济合作社合作，成立村集体资产管理公司。

"一司一社一平台"是我总结出来的。所谓一司，是指村集体资产管理公司。具体操作是由带有公有制属性的国有公司和村集体股份经济合作社，共同成立村集体资产管理公司，然后把村域能够对价市场的资源资产装进村集体资产公司。所谓一社，就是村集体股份经济合作社。所谓一平台，是指村域可经营性资源资产经过整合，建立对内孵化能人、家庭农场、农民合作社，对外吸引运营、投资合作的平台。

这个平台可以按照商业运营的机制，对内辅导本村村民更好的创业就业，对外吸引各种类型的产业合作方。对外的合作方式，可以是租赁，也可以是合营。租赁形式要缴最低保底费；合营形式要按照商场的招租逻辑，入驻后缴纳管理费。

在村庄的产业招引和运营过程中，村"两委"不会介入经营，更多是负责前期把村民组织动员起来，把村民闲置和低效使用的资源资产统一到村集体股份经济合作社。后期村庄的经营交给市场，进行市场化运营。村级组织做好村庄的日常管理和服务即可，同时也可以尝试做一些运营协同的事情。关于村域资源资产的管理和统筹，村级组织将其交给由国企介入的村集体资产管理公司即可。

现在很多县（区）都陆续成立了县（区）农投公司，问题是许多农投公司领导不知道怎么运行。这两年我走访了150多个县（区），其中大约100个县（区）的农投公司领导，不太清楚如何在乡村振兴中摆正自己的位置，发挥国有企业的统筹作用。对于这种情况，我认为要有专业的机构对其进行辅导才行。

在我看来，县域农投公司要做的事十分清晰，即收储资产。在乡村建设中，我对参与进来的各方有一个定位：县域政府做资产监管，财政信用配套，项目包装并监督实施；县域农投输出信用和收储资产；村级组织负责统筹资源并做运营管理，农户输出劳动力，社会企业负责不同乡村业态经营。

然而现实中，很多县域农投公司做的事情，更多是一种单线的投资行为，没有起到激活要素与活化资源的作用。目前许多县（区）农投公司发展的突出问题，只管花钱，不管运营，也不管找钱，更不会做钱生钱的事。花钱的事相对简单，一般都是预算性财政、公益性债券和专项债。打个不恰当比方，如果我是县域农投公司的负责人，且公司的账上趴着十个亿，我们会怎么做呢？我们只会做资产管理，不会做资产运营。在协助县（区）农投时，我们要做的事情大致分三个步骤进行：

第一步，我们会协助村集体经济组织把村庄的资产做一个内部定价，只做资产管理、交易、招商的协同工作。

第二步，我们会搭建一个双"GP+LP"架构（GP 是指普通合伙人，LP 是指有限合伙人）。其中县域农投公司是一个 GP，村集体经济组织可作为一个 GP，龙头公司作为一个 LP，每个农户都可以理解为一个 LP。

第三步，我们会出资持村集体经济主体 20% 的股权，然后再协助村集体经济主体，通过资产招商的形式，激活闲置资源资产。我们只做总体统筹和试点示范，不会做具体的经营工作。

简单来说，村集体经济组织只做资产管理，不做运营；县域农投公司只做财务统筹，不下场运营；双方只分利润，不提取存量。唯有如此，才能做到保值增值，才能确保村集体经济组织和农户的资产不流失，以及国有资产不损失。

笔　者：如果县域农投公司只做收储，村上为什么一定要让他们参与进来呢？村级组织自己做不可以吗？

鞠　利：因为只有国企参与进来了，村级组织资源资产的财产性收益才会更高。从民营企业和国有企业的融资成本角度讲，民营企业从银行和社会获取资金，融资成本一般是 10%~24%。国有企业的融资成本一般是 1%~5%。仅就融资的成本而言，民营企业要比国有企业高 5 倍。国有企业获取资金的效率难度相对容易，而民营企业获取资金的难度相对要困难很多。

另外，国有企业和村集体经济组织都是公有制属性。我之前提到的村域微循环、镇域小循环、县域内循环，其实是提倡"国进民也进"，通过国有企业介入把县域循环打通，资产端由国企传导至村庄，运营端由经营主体实现。经营灵活高效是民营及个体经营者的优势，各自发挥自己的优势，才能更好地实现城乡要素融通。

4. 自我为主，运营要点

笔　者：关于村域资源活化与运营，村级组织自己能不能做？

鞠　利：以村级组织为主体单独来做，要相对简单很多，当然这也不是哪个村都能做的。例如，2015年四川省成都市郫都区唐昌镇战旗村，其第一宗村集体经营性建设用地入市，就是一个很好的个案。

村级组织以自我为主体发展壮大集体经济，通过村集体经营性建设用地入市，招引产业，推动村庄文旅产业综合发展，这样的村庄需要具备两个条件：一是村集体带头人能力特别强，二是要成为县域先行先试的试点。而能够同时满足这两个条件的，大多是一些景观村和都市近郊村。

即便如此，村集体带头人在村上还要具有一定的经济基础，并拥有一定的公信力和号召力。他（她）要拥有把村上闲置和低效使用的资源资产的市场经营权，统一到村集体股份经济合作社的能力。在这个过程中，如果有市场服务主体愿意介入，愿意和村集体经济组织构建一种资源活化和村庄运营的合作关系，共同搭建一个村庄管理服务平台，并把各自的责权利关系的边界划分清楚，当然是最好不过的。

对以村级组织为主体的操作，湖北省武当山特区工委书记沈明云将其总结为四化：即资源资产化、资产证券化、农民股东化、经营市场化。其中，资源资产化和农民股东化大家应该已经清楚。

资产证券化，就是资源资产能够进行市场对价交易，由金融机构以票证作为融资依据。经营市场化，但凡村域资源资产涉及经营和运营，都要采用市场化机制。这里面需要强调，若是村集体带头人自己想要经营，只能以他个人的名义与村集体经济组织发生关系。

村集体经济组织代表全体村民，任何个人的市场行为只能是个体行为。个体行为和集体行为要界定清楚。为什么要做这样的精准切割呢？目的就一个，我们要千方百计保护好村民的权益。

5. 村域系统运营的思路

笔　　者：对于像李渡口村这样的村庄，您觉得最好的解决方案是怎样的？

鞠　　利：如果只是由我们一方来做，目前还是有困难的。因为首先定位要非常清楚。比如李渡口村，它是一个传统古村落，有可产品化的古村落资源。我认为，不同的产品要有相对应的产品服务方案，而每个产品只能激活一个相对应的资源。只有这样才能把村庄的业态慢慢做起来，村庄整体运营才能有收入。

目前不少乡村运营项目，大多是先围绕整个村域的综合运营做顶层设计，锁定 EPC（工程总承包）服务。然而，EPC 最大的问题是资金。如果仅靠县域政府能够统筹的资金做落地，县域资金是远远不够的。因此，我们会从更加全面和多层级服务角度，构建一个村域整体建设和运营的整体解决方案。

关于一个村庄的整体发展方案，我认为，村集体经济组织有点类似城市社区的物业管理公司，只不过村上的物业管理服务是隶属于村集体经济组织的。运营乡村需要市场化的操作，这个过程中，要遵循治理归治理、运营归运营的经营理念，两者之间可以相互协同，但边界要清晰。

从某种意义上讲，我们的这种操作方式和四川省成都市青杠树村的整村运营类似。在运营管理方面，我们会通过村庄运营服务平台，对村内的经营业态按照竞价方式进行考核，即每年会优化提升一部分，也要淘汰一些经营不太好的商家。如此，我们才能确保村域资源资产的保值增值，并让村庄始终保持一种持续招商的状态。

在此过程中，县域农投公司可以对村庄的基础设施和公共服务进行部分投资，并对投资部分形成的资产，合并报表到县域乡村资产管理平台公司。而需要通过市场主体活化的资源，可以按照市场规则，让它公平对价。这种操作方式可以防止村集体经济组织过于依赖国有企业而失去创新动力，同时也可以防止市场主体总想着占国有企业便宜的弊端。我认为，这是三方可以相互制衡的一种操作方式。

笔　者：在这个多方运营服务关系中，请问谁是操盘人和统筹主体？

鞠　利：对于村庄运营服务，我们这边对外输出两个能力：一是提供以数据和资源对价为主要内容的技术解决方案；二是通过数字化技术服务手段，为介入其中的各方市场主体提供全维度数字化赋能。

至于谁是整件事的操盘人，我认为应该是甲方。至于谁是甲方，如果有国有企业参与，甲方就是由村级组织和国有公司共同成立的那个"SPV 公司"（指特殊目的的载体或机构）。如果没有国有公司参与，或市场主体起到的作用更大一些，像四川的愿乡公司和北京孙君老师的农道公司，也可以做甲方。做甲方第一顾问，是我们在其中要扮演的角色。

由于愿乡公司的定位是资源对价市场，在村庄治理、新型农民培育、产品和服务创新、产业植入、乡村业态的经营主体招募等方面，相对来说优势更突出一些。对于市场主体而言，如果政府购买服务的费用太少，市场主体容易入不敷出；如果太多，政府的压力又会太大。因此，从市场角度讲，这是一个压力和风险都十分大的事情。

不过，其中也有破解的办法。我认为，可以把运营服务的系统能力作为无形资产，记入村集体资产管理公司的财报（财务报告）。关于这方面，我们有对应的操作流程和方法，也可以把这个管理能力纳入我们的村域资源无形资产范围。

笔　者：基于一个村庄的整体服务，你们具体挣哪部分的钱呢？

鞠　利：我们围绕村域资源资产管理，收取金融机构介入前端和准入之前的标准化服务的费用。我们的服务对象主要是县域政府的乡村资产管理和运营平台公司。我们帮助县域国有企业平台优化服务，做县域国有平台和技术服务单位的顾问，这是我们存在的价值。

我们的合同签约方一般都是国有平台公司。因为国有平台公司是我们服务的最终受益方，县域政府是间接受益方。之所以有那么多县域政府购买我们的服务，是因为通过县域国有平台公司参与乡村建设，可以增加资产规模、增强流动性、降低负债率、降低市场准入风险。

沿着这个思路，我们再来看李渡口村。到 2021 年年底，据说这个村所获得的各种政府补贴、社会投入总计已经超过 5000 万元。如果能够把这些投资形成固定资产，并注入县域乡村资产管理平台公司，加上村上原先固有投入形成的固定资产，我认为总计大约有两亿元。对于县域资产管理平台来说，就等于增加两亿元的有效资产。

（三）守好底线，有序有效

河南产业互联网研究院乡村振兴创新中心，基于县域三级治理的村、镇资产活化探索，无论是壮大农村集体经济、增加农民收入，还是促进县域经济整体发展,都有着重要的现实意义。

而想要把这件事情做好,创新中心团队首先需要具备三个方面的能力:一是需要具备县、乡、村资源资产管理的金融科技服务和数字化基石能力,二是基于村庄整体运营的资源对价市场的策划、规划、管理、服务能力,三是具有县、乡、村三级治理体制改革的魄力。

从其操作的实际情况看,第一种能力是创新中心目前所拥有的,并在不断健全和完善。第二种能力,创新中心团队目前尚存在不足,或者说缺乏与其能力相匹配的战略合作伙伴。创新中心团队的第三种能力,则更多看其所落地的县域主要领导的认知力和魄力决定的。

从市场服务的角度出发,第三种能力多少有些可遇而不可求。同时,也需要创新中心从培育孵化的角度出发,通过举办经验交流会、学术研讨会等不同形式,对县、乡、村的三级治理主体进行理念引导和具体落地方案可行性探索。

基于三级治理做县、乡、村资产活化管理,创新中心的核心优势是基于数字科技研发和赋能相关应用的数字化服务。基于县域示范村庄资源对价市场,以村集体经济组织为主体的市场化服务能力,创新中心应从找准战略合作伙伴,通过建立联合研发的方式,弥补标准化和产品化服务能力不足的短板。

1. 梦想是行动的最大动力

他从小在河南一个偏僻乡村长大,20几岁就在农业产业发展圈崭露头角,他就是鞠利。仅用"一懂两爱"形容他对乡村发展的那份痴情,总觉得少了些什么。他对乡村的那种执着与热情,是烙在身体里的。

最近几年,鞠利实践温铁军教授提出的"三级市场和'两山'经济"

理论，探索基于市场落地的产品和服务转化，以及县、乡、村资源资产活化管理，建设"三农"数字科技服务平台，聚焦县、乡、村数字化服务。在他身上感受到了化繁为简、不断创新的精神。

2. 守护村民利益底线

在资源活化过程中，县域乡村资产活化不能只是将重心放在县域城区经济发展上，更不能忽视守好村民利益的底线。

农村产权制度改革，在明晰产权之后，关键是资源价值的县域经济属性和对价市场的收益保障。如果乡村资源价值释放，只是从地方债的金融属性出发，农民没有实实在在真金白银的收入提升，显然与国家希望以农民为主体、利用乡村资源活化发展壮大新型农村集体经济的要求不相符。

让市场在乡村资源的要素配置中起决定性作用，并让村级组织和村民成为最大受益主体，是社会主义市场经济在乡村发展中最应该扮演的角色。县域政府落地乡村资产管理和运营，如果不强化村集体经济组织的市场主体地位，则会面临村域资产向县域主体转移的风险。在这种情况下，乡村资产的价值金融属性，在县域流动性增加过程中，极有可能被转为县域经济发展所用。从理论上说，这种"一石三鸟"的运行方式，通过资产管理权向县域聚集，看似解决了县域、镇域、村域三方治理主体发展经济所面临的各种问题，却没有真正实现以村集体和村民为主体的产权市场化交易。

县域政府在推进乡村资产管理和运营中，如何实现管理的归管理、运营的归运营，是创新中心运营服务的创新点。这里的管理，是指以增加县域资金流动性为中心的县域乡村资产管理；而运营则是以加强村集体经济组织资源对价市场能力的乡村资产运营服务。也就是说，如何能够做到双管齐下，一手抓县域资金流动，另一只手抓农村集体经济的壮大，才是创新中心提供县域乡村数字化建设落地创新的关键。

3. 要素融通，须有效有序

城乡要素融通中的"城"与"乡"，"城"主要是指县域、城镇和街道；"乡"主要是指乡镇和村组。所谓要素融通，是在县域内村域或镇域内部融通的基础上，实现从下至上的城乡再融通。

城乡要素融通，首先需要整合"三力"：一是县域政府的乡村振兴改革力，二是县域乡村数字化建设基石创新力，三是村域资源资产市场活化力。要在这"三力"融合之后，才能进一步推动城乡要素融通。

这是要素融通能够有效实现的前提。自上而下式的"重"县域覆盖，"轻"乡村内部融通的探索，是造成城乡要素融通落地施行效率低下的症结所在。发展县域经济、实现乡村振兴是一个综合整体，要推动要素在城乡有效融通，就必须做好可落地实施指导作用的县域乡村振兴总体规划。

要素融通除了"有效"之外，还要追求"有序"。"有序"就是在总体规划的指导下，有条理和有秩序地推进，并在不断地调整和修正中向前推进。在此过程中，我们不能贪大求全、贪功冒进，不能幻想着一蹴而就。

不能把村域资源要素组织起来，不能把村集体经济组织建立起来，不能通过县域乡村资产管理和运营的方式破解县域经济发展的困局，要素融通就会缺少重要的推动力。

乡村是要素融通的基础，城镇是要素融通的重点，融合是要素融通的保障，畅通是要素融通的关键。只有把乡村的资源活化了，城乡之间的要素融通融合了，乡村才能真正强起来、富起来，县域经济发展才能找到有效的抓手。

平台赋能

四川省成都农村产权交易所德阳所

对话·姜 华

　　姜华，现任成都知识产权交易中心德阳服务中心主任，曾任成都农村产权交易所德阳所总经理。2017年，姜华代表德阳市人民政府，出任成都农村产权交易所德阳所总经理。2017年12月12日，成都农村产权交易所德阳所成立。截至2022年8月5日，德阳所依托德阳市四级农村产权流转服务体系，已累计成交各类农村产权交易项目6451宗，累计交易金额98.36亿元，累计流转土地面积63.27万亩，拉动总投资近300亿。在他领导下的成都农村产权交易所德阳所的创新经验，还被编入了农业农村部《全国农村集体产权制度创新案例》。

让资源变资产，并确保变资产后的资源产品能入市，这并不是一件简单的事。不简单的关键，主要在一个"变"字上。哪些资源能够变资产，哪些资源不能变资产？能够变资产的资源，应该变成哪种类型的资产？能变成资产的资源，价格如何定才科学公平？进行了合理定价的资产，在哪里进行资源对价，才能使资源的市场效益最大化？

如何变、谁来变、在哪儿变？面对这一系列农村资源变资产和变资产后的资源产品如何入市等综合问题，这是农村产权交易平台应该考虑的事情。目前，各级别农村产权交易平台需要考虑三个问题：一是平台能够在多大程度上保障村级组织和村民的财产权益，二是平台能够多大程度上提高农村资源要素利用的市场化配置效率，三是怎样的交易平台能够促进乡村产业发展和乡村现代化建设。

关于这三个问题，成都农村产权交易所德阳所目前已经走在了全国的前列。2017年12月12日，作为全国首个市级人民政府合资共建的农村产权交易所——成都农村产权交易所德阳所（以下简称"德阳所"），正式成立。成立五年来，德阳所已建成市、县、乡、村四级交易体系，创建了18个全国交易品类首例，德阳所实现了德阳模式的横向跨省服务输出。

(一)德阳模式

活化乡村资源,不断提高乡村要素资源配置效率,需要进一步加快农村产权流转交易市场体系建设。作为一家市级和企业法人制的交易平台,德阳所在成立的五年时间里,所做的事和所进行的探索,已将平台在乡村振兴中的作用,推向了一个新的发展高度。

1. 两个突破与四种创新

德阳所推动德阳市乡村振兴的重要使命是健全全市乡村要素市场,激活土地资源,促进乡村产业发展和完善顶层设计。打铁还需自身硬。想要推动德阳市乡村振兴,德阳所交易平台首先需要把交易规则、交易流程、资金结算、体制机制等,带有探索和创新性的工作归纳总结好,并确保做得扎实才行。

五年来,在探索和创新方面,德阳所取得的突出成绩主要表现在两个突破和四个创新方面。

所谓两个突破,主要是指农村产权交易的市场体系建设和平台交易品种的逐步丰富。围绕产权交易的市场体系建设,德阳所不仅兼具业务培训、综合金融服务等功能,同时还按照德阳市党委、政府在乡镇(街道)设服务站和村(社区)设服务点的要求,成立了6个县级服务中心、82个镇级交易服务站、1100余个村级服务点。

其中作为市级平台,德阳所承担与农村产权交易相关的政策咨询、业务培训、综合金融、电商等服务功能;县级交易平台入驻当地政务服务中心,负责收集、汇总和发布本辖区内的村产权交易信息;乡镇服务平台负责镇域内的产权流转交易信息收集、核实、汇总、报送;村级服务平台负责本村交易信息的收集、核实、汇总、报送。

在平台交易的品种突破方面，按照（川办发〔2015〕58号）"非禁即入"原则，德阳所已实现增减挂建设用地指标、耕地占补平衡指标、林权、农村承包土地经营权、农村闲置宅基地和闲置住宅使用权、集体（经营性）资产、农业类知识产权等18个交易品种入市公开交易。

所谓四种创新，主要是指交易方式的创新、交易品种的创新、服务品种的创新和服务模式的创新。其中的三书模式是服务模式创新的一个亮点。三书模式主要针对的是闲置农房的使用权规范流转。关于这方面的模式创新，下文会具体展开说明。截至2022年8月5日，通过三书模式，德阳所已完成闲置房屋交易达427宗，安置房和商品房交易达86宗。

德阳所自成立以来，与德阳市诚信公证处、德阳市朗照律师事务所、德阳市银行业金融机构、德阳市保险业金融机构、德阳市资产评估机构等20余家机构签订了战略合作协议，积极探索与完善能够为农村产权流转交易提供一站式服务的平台运行服务机制。

2. 服务模式的跨省输出

有意栽花花不发，无心插柳柳成荫。被作为一种产权流转交易服务的模式，德阳所实现跨省横向输出，是该所原总经理姜华没有想到的，更是其他人所不敢想的。

德阳所成立后的一连串创新探索尝试，不仅得到了上级领导的认可，更得到了百姓的赞许。德阳所的做法被国内主流媒体大量报道。他们累计接待来自省内外领导、专家和考察团已超400余批次，累计4000多人次。其中包括四川省委原书记彭清华、四川省原省长尹力等。

德阳所不仅做到了"迎进来"，还成功实现了"走出去"。2019年，湖南省株洲市委、市政府拟筹集市农村产权流转交易平台，从当年11月起拟筹备成立的株洲农村产权交易中心，先后三次召集相关部门人员到德阳所考察调研。2020年7月，双方达成合作协议，由德阳所负责第一年的指导与培训。随后株洲市四大班子和相关职能部门负责人、相关单位负责人、镇村基层干部等900多人听取了姜华所作的专题报告。

2020年10月初，德阳所多次派出业务骨干、三书模式团队赴株洲市深入指导该地产权交易中心体系建设、业务开展、创新成果运用，以及开业筹备等工作。同时，他们还深入基层一线开展实地调研，并对相关从业人员进行了现场培训。10月23日，双方正式签署了产权交易平台体系建设及创新成果运用指导服务协议书。

2022年，德阳所与贵州省贵阳市乌当区、吉林省吉林市永吉县、吉林市松原市乾安县、山东省德州市禹城市等地的合作，正在稳步推进中。

（二）实现对价，引资近300亿元

搭建一个市级农村产权交易全要素市场交易平台，为乡村振兴发展提供赋能服务，这样的交易平台，目前在全国是屈指可数的。在五年的快速发展道路上，围绕平台的市场体系搭建，工作机制与流程制定，可交易资源资产的产品分类，交易方式的突破创新，平台服务的跨省输出，其中尤其是"三书模式"的大胆尝试，德阳所都做了的有益探索，取得了不俗的业绩。

1. 顺势而为，探索突破

笔　者： 德阳所是在什么背景下成立的？发展目标是什么？

姜　华： 为了贯彻（川办发〔2015〕58号）的文件精神，深入推进四川省委"一干多支、五区协同"的战略部署，成都市和德阳市两地政府根据双方的优势，共同投资成立了德阳所。其中，成都农交所出资比例占51%，德阳的市产权投资集团出资比例占49%。成都农交所是控股方。

2016年12月，成都市人民政府和德阳市人民政府签订《战略合作协议》。2017年12月12日德阳所挂牌后，德阳市政府同步出台"2+7"政策文件，以保障和支持德阳所的发展。

按照建立全面覆盖整个市域、功能齐全、规范运行的农村产权流转交易服务体系，形成全市一个交易平台，四级服务体系和政府鼓励引导、市县分级交易、乡村宣传初核、社会支持配合的工作要求，2017年，德阳所完成了市、县两级交易体系建设工作。

2018年，德阳所全面完成了市、县、乡、村四级交易体系建设工作，形成了一个屋顶之下、多个服务窗口、多品种产权交易的综合平台。

围绕健全德阳市农村要素市场工作，德阳所全力聚焦激活土地要素市场、推动乡村产业发展、实现市域涉农要素市场整合发展的顶层设计。通过探索发展，德阳所交易平台还成了城乡融合发展、农村金融服务、"三农"招商引资的平台，有力助推了德阳市乡村振兴战略的实施。

笔　者： 德阳所成立以来，你们的工作是如何展开的？取得了哪些发展突破与成果？

姜　华： 德阳所成立五年来，我们运用政策推动、考核推动、培训推动、市场推动"四维推动"，搭建起了一套政策和服务体系。

通过将服务融入乡村治理之中，促进农业产业招商，探索农村产权改革，整合各类涉农资源，协同村级组织壮大农村集体经济，德阳所实现了产权公开流转、要素对接资本、资本发展产业、产业引导富民的发展布局。通过不断探索、创新、总结，我们逐渐形成了农村产权交易的"德阳模式"。

关于德阳所交易平台的发展，我们取得了两个主要突破：一是市场体系建设的突破，二是平台交易品类的突破。另外，依托交易平台不断深化服务，围绕建立"一站式"综合服务平台的发展目标，我们一直在探索和完善中。

德阳所交易平台成立至今，在全国我们创建了多个交易品类首例，实现了百度同类别搜索排名第一，为四川省其他地市设立农交所总结了可推广、可复制的经验。

根据四川省、市有关要求，2021年3月1日，德阳所制定的《成都农交所德阳农村产权交易有限公司交易服务费收费管理办法（试行）》正式发文，收费范围涵盖农村资产资源、大宗农产品及农村产业项目招商等18个交易品类，依据不同交易品类及交易方式，分别按照成交总价的5‰~3%的标准对交易双方进行收取交易服务费。

结合德阳市市场交易情况，德阳所将农村产权流转交易与农村产权制度改革、乡村治理等方面结合起来。通过不断完善内部管理，对交易体系人员（乡、镇、村干部）及农业经营主体以集中讲授、头脑风暴及夜话沙龙等形式开展农村产权交易培训共计213场次，培训人次16577人。

通过与德阳市委组织部、市纪委监委保持密切联系，充分利用德阳市农村产权流转交易平台功能，释放农村资源要素价值，大幅提升农村产权流转交易市场价格。

2. 创新交易品类及服务

笔　者：德阳所交易平台的交易品类已达 18 种，在这方面做了哪些探索？

姜　华：除将农村集体经营性资产纳入流转交易范围外，德阳市政府的顶层设计还将社区集体经营性资产纳入流转交易范围，对进一步筑牢基层廉政防线，推动实现城乡集体资产的保值增值具有重要作用。

目前，德阳所已实现集体林权、农村承包土地经营权、"四荒地"承包经营权、农村闲置宅基地和闲置住宅使用权、安置房合同权利转让、增减挂建设用地指标、耕地占补平衡指标、集体（经营性）资产、农村水利设施使用权和经营权、农村集体经营性资产、农业类知识产权等 18 个交易品类入市公开交易。

非禁即可入。在纳入可交易资源产品后，我们再以求真务实的做事态度，积极探索。例如，围绕村级组织涉农工程招投标的改革创新，截至 2022 年 8 月 5 日，我们已完成政府采购项目 135 宗，成交金额 1.68 亿元；非政府采购 518 宗，交易金额 3.58 亿元；线下工程招标 577 宗，交易金额 5.21 亿元。

对于省外一些需要我们指导开展农村产权流转交易服务的市、县，我们会结合当地情况，围绕这 18 个交易品类的交易规则、交易流程、资金结算等，进行协助开展业务。

笔　者：涉农工程招投标是一次发展创新。除了这个服务型交易产类，我们还有哪些创新？

姜　华：在服务创新方面，为了帮助工商资本、社会企业投资发展农业避险和排雷，我们推出了农村产权法律政策综合服务，在农村产权流转交易过程中，为企业提供全程法律、政策咨询服务；同时，我们也会为镇、村、组干部进行政策法规培训，协助村组举行村民大会，指导书写规范的会议纪要。

除此之外，通过交易平台的专业和资源统合优势，我们不仅为村域资源交易提供规范性签约文本服务，还协助乡村进行产业项目招商、农产品销售推广及经营主体申报项目专利、补贴、品牌认证等综合服务。

为了更好地从金融方面为农业经营业主提供服务，2018年，我们就探索推出了政企银交担保金融服务，通过与政府、企业、银行、担保、保险公司开展合作，实现政府出政策、企业降成本、农交促规范、银行来贷款、农担来增信、保险来分摊的"六位一体"闭环金融服务模式。

截至2022年7月，在德阳所的赋能服务下，通过省农担公司，还有德阳市信用联社、邮储银行、广汉珠江村镇银行等金融机构，已累计发放逾9亿元农业信贷资金，惠及了德阳市800余家农业实体。

笔　者： 德阳所探索建立的"一站式"服务。请分享"一站式"平台赋能具体的服务内容？

姜　华： 所谓"一站式"服务，主要是德阳所根据自身平台的资源整合优势，围绕村域资源的利用效率、质量及各种风险防控，联合诚信公证机构、律师所、金融机构、保险机构、担保机构、资产评估机构等单位和公司，为村域资源对价市场保驾护航。

具体来说，主要是德阳所与德阳诚信公证处、朗照律师事务所、银行业金融机构（德阳农商银行、邮储银行德阳分行、农业银行德阳分行、广汉珠江村镇银行）、保险业金融机构（锦泰保险、中国人寿德阳支公司、中国人保德阳支公司、中国平安德阳支公司）、四川省农担德阳办事处、资产评估机构（诚信良友、正衡、立信）、天地勘测等20余家机构签订战略合作协议后，围绕交易结构创新所进行的积极探索。

3. 三书模式的交易创新

笔　者：三书模式是德阳所交易平台市场化体系建设的一个重大创新。请您解释一下，什么是三书模式？

姜　华：2018年8月，德阳所在全国率先提出了闲置农房使用权规范流转三书模式。所谓"三书"，主要是指律师事务所出具《律师法律审查意见及见证书》、公证处出具《公证书》、德阳所出具《交易鉴证书》等法律文书。

在围绕闲置农房使用权规流转过程中，通过三项审查、三项监督、三项服务功能赋能，对转让方、受让方进行资质审查、对流转房屋进行权属审查；通过对流转程序、证据收集、规范告知进行监督；通过对交易鉴证、法律仲裁、金融保险进行服务，运用法治思维和法治方式实现农村闲置农房规范良性流转。

在2019年6月12日，围绕农村闲置农房使用权交易流转的三书模式，德阳所取得四川省版权局颁发的《作品登记证书》。10月12日，德阳所取得国家知识产权局商标注册"中农三书"。同时，我们还将此创新成果经验作为知识产权，成功输出至湖南省株洲市。这是我们首次跨省服务输出，社会反响良好。

2019年8月16日，法制日报以《三书模式让闲置农房"活"起来》进行了专题报道。中央电视台、四川法治报等多家媒体予以报道，得到了省、市两级的充分肯定。吸引江苏、北京、陕西、成都、甘孜州等地人员到德阳农村地区投资发展。

2019年9月5日，德阳市司法局将三书模式以《关于创新实施闲置农房流转法律服务"三书模式"的情况报告》以专题报告形式呈报四川省司法厅，并于2019年9月8日获四川省司法厅批示"同意上报并全省推广"。2020年4月，四川省委全面依法治省委员会印发《四川省乡村振兴法治工作规划（2020—2022年）》。规划明确总结推广三书模式等法律服务新模式。

截至2022年8月，该模式逐渐扩展，并延伸应用到了特色农产品引入交易、安置房合同权利转让、商品房合同权利转让、农业项目投资等综合服务。

笔　者：三书模式的创新，主要体现在哪些方面，有什么现实作用？

姜　华：三书模式是德阳所结合宅基地所有权、资格权、使用权三权分置有关的政策精神，探索适度放活宅基地和农民房屋使用权的有效做法。

在具体的操作过程中，对每一宗三书模式的业务，我们都会公开挂牌，从而确保交易过程的公开透明。在交易办理中，三书模式程序简洁明了、步骤明确、标准统一，过程合法合规、能充分体现交易双方的真实意愿。

由于三书模式交易充分考虑和平衡了双方当事人的合法权益，并对可能出现的法律风险进行了明确约定，为维护双方当事人的合法权益和促进双方全面诚信履行合同义务，发挥了重要作用。

三书模式的本质，是用三方规范性的具有法律效力的文书，简化了农村闲置房屋流转过程中，复杂且不可靠的多项流程。这种交易模式，为交易双方提供了"一站式"服务，在合法合规的基础上，大大降低了办理成本、提高了办事效率。

通过三书模式，德阳所创新了公共法律服务在乡村振兴中的方式，拓展了公共法律服务在乡村振兴中的领域，彰显了公共法律服务在乡村振兴中的力量。在利用三书模式进行交易时，我们有效防控了农村产权交易风险，防范基层腐败，避免和减少了纠纷，对维护交易的合法性、公平性和保障交易双方当事人的合法权益具有积极意义。

作为交易量最大、操作最为复杂的农村产权交易品类，农村闲置房屋流转的三书模式在整个农村产权交易中具有可操作性、可复制性、可推广性。

4. 赋能集体，服务输出

笔　者：德阳所的交易平台赋能确实发挥了增加村集体经济组织和村民收入的作用吗？

姜　华：2020年8月20日，德阳市罗江区鄢家镇星光村，土地经营权流转项目在德阳所交易平台公开竞价。流转土地分为三个地块，共计812亩，挂牌底价每年每亩为600元，流转期限为9年。三个地块分别通过22、23、24轮报价，最终1号地块以每年每亩840元、2号地块以每年每亩830元、3号地块以每年每亩850元成交。

"三块地"实现平均溢价率40%，累计为当地老百姓实现增收175余万元，为村集体增收土地管理费21.92万元。

2021年5月28日，德阳市旌阳区柏隆镇镇元桥村闲置小学校舍使用权电子竞价会在德阳所顺利举行。该宗资产起始价每年1.5万元，经过132轮激烈竞争，最终以每年3.5万元的价格成交，溢价率约133.33%，为该村集体经济组织增加了收入。

2021年9月18日，德阳市旌阳区双东镇八佛村一堰塘养殖水面经营权流转电子竞价会在八佛村村委会成功举行。该堰塘在成都农交所德阳所挂牌期间共征集到了7人报名，挂牌底价每年6000元。竞价会当天，7名竞买人经过80轮激烈竞争，最终以每年2.66万元的价格成交，溢价率约343.33%，为集体实现年增收2.06万元。

笔　者：德阳模式已实现跨省输出。在承接跨省服务输出时，是否制定了不同服务类型的输出方案？

姜　华：是的。围绕农村产权交易平台体系建设及创新成果运用指导的服务，德阳所共计设计了八个服务板块和两个方案的版本。这个就像菜单一下，我们列举和描述得非常清楚，需要德阳所交易平台指导和深度服务的地方，可以根据自己的发展需要，根据菜单进行精准选择。下面我把那八个服务板块的内容简单说一下。

第一个服务板块是搭建政策及服务体系。服务期限是一年，主要服务内容：一是指导搭建农村产权流转交易政策保障体系，包括顶层文件和相关配套文件；二是指导建设市、县、乡、村四级农村产权流转交易服务体系。

第二个服务板块是指导开展农村产权流转交易业务。服务期限是一年，主要服务内容：提供集体林权，农村承包土地经营权，"四荒地"承包经营权，农村闲置宅基地和闲置住宅使用权，安置房合同权利转让，农村水域、滩涂等经营权，农业生产设施所有权和使用权，农村小型水利设施使用权、经营权，农村集体经营性资产，农业类知识产权，增减挂建设用地指标，耕地占补平衡指标等交易品类的交易规则、交易流程、资金结算等，协助开展业务。

第三个服务板块是"三书模式"运用。服务期限是一年，主要服务内容：授权使用《中农三书》商标和著作权，开展闲置农房使用权流转、安置房合同权利转让、农村产权综合服务、大型土地经营权流转、大宗集体资产交易。

第四个服务板块是综合辅导。服务期限是一年，主要服务内容：指导农交所的对外宣传、建立并完善内部管理制度、交易鉴证制度、风险管理制度等，以促进农村产权流转交易平台规范、健康运行。

第五个服务板块是村集体经济组织采购和非公开招标的工程项目招标。期限是一年，省外服务经验：指导山东省禹城市农村产权流转交易融入加强和改进乡村治理工作中，协助禹城市农村产权交易所取得政府采购代理资质，开展政府、企业采购等业务，提高企业盈利能力。

第六个服务板块是农村综合金融服务平台。服务期限是一年，主要服务内容：一是运用政企银交担保金融服务模式；二是"一村四社"内置金融。

第七个服务板块是"三农"工作招商引资平台建设。服务期限是一年，省外主要服务经验：一是指导禹城市农村产权交易所融入当地乡村治理，协助发展壮大农村集体经济，促进农业产业招商，探索农村产权改革，全面助力实施乡村振兴战略；二是指导禹城市农村产权交易所整合各类涉农资源，建立战略合作联盟，搭建当地涉农产业孵化平台；三是为禹城市农村产权交易所及当地市、县两级政府，提供农村产权交易法律、政策咨询服务；四是指导开展全域土地综合整治。

第八个服务板块是集体建设用地入市交易，服务期限是一年，主要服务内容：集体经营性建设用地入市政策草拟、政策培训、市场制度建立、项目指导。

（三）让平台更好赋能村集体

资源变资产，如何变、谁来变、在哪儿变？具体而言，在"变"的过程中，还包涵了一系列基于具体操作的问题：如平台的搭建，交易品类的突破，交易规则和流程的制定，相关市场定位和发展目标的明确，农村产权流转交易的市场体系的建设，交易方式和服务内容的创新等。

目前，全国已成立并处在同一级别的农村产权综合性交易平台有 20 个左右，其中所德阳已走在了全国同行的前列。可以说，德阳所的实践和探索，在一定程度上已撬动了产业和资金向乡村聚集，促进了村域资源要素的市场优化配置。

在解决乡村振兴"钱从哪儿来，人往哪儿去"的问题上，德阳所通过以交易促进融资，以融资促进交易的方式，有序合理地引导了资金和人才下乡。在这个过程中，随着市场交易机制的逐步完善，反过来也促进了农村产权制度改革。

关于资源如何变资产，以谁为主变资产，资源对价后所获得的收益如何分配，怎样使用等一系列问题，德阳所亦可在其中发挥作用，为乡村运营发展提供信心支撑。

1. 德阳模式的成绩单

大力发展乡村产业是推动乡村全面振兴的重中之重。盘活农村产权，拓宽生产融资渠道，是解决乡村振兴资金不足的现实需求。如何利用乡村资源资产的市场化服务，吸引人才、产业、服务下乡，是决定一个区域乡村发展质量和效率的关键。

德阳所依托自身交易平台，实现了资源市场化配置的突破和创新，创建了 18 个全国交易品类首例。在五年时间里成交项目 6451 宗，累计交易金额 98.36 亿元，累计流转面积 63.27 万亩。平台的团队战斗力和交易服务能力皆可圈可点、出类拔萃。

其中德阳所的市场体系建设，已拥有镇级交易服务站 82 个，1100 个村级交易服务点；关于权益类、资产类、指标类、股权类全国 21 个交易品类，德阳所已完善并探索出了 18 个交易品类。

通过三书模式开展的闲置农房使用权流转，截至2022年8月5日，德阳所已完成427宗交易，成交金额6025.15万元，安置房和商品房合同权利转让、资产处置87宗，成交金额3178.5万元；完成政府采购项目135宗，成交金额1.68亿元；非政府采购518宗，交易金额3.58亿元；线下工程招标577宗，交易金额5.21亿元。

通过四川省农担公司，德阳市信用联社、邮储银行、广汉珠江村镇银行等金融机构，累计发放逾9亿元农业信贷资金，惠及全市800余家农业实体；开展市域内相关基层干部和经营主体培训213场次，培训16577人次，接待省外领导、专家、学者和考察团400余批次，累计4000余人次。

对比全国市级产权流转交易平台的发展，德阳所的成绩单足够漂亮，是一道美丽的数字风景线。

2. 平台赋能的上延和下探

如何实现从"身份型"农民到产权可交易的"市场型"农民转变？建立健全农村产权交易市场体系，优化市场资源配置是有效途径。为实现这种身份转变，政府还要领导村级组织做好入市前的准备工作，如产权归属要清晰、责权要明确、保护要严格等。

至于哪些资源的产权能够入市交易，是以农户个体或自发联合的形式入市，还是以村集体经济组织作为一个整体的形式入市，抑或是个体、联合体、村集体多种形式并存入市？这个要根据各地经济社会发展情况，具体问题具体分析。

对于这件事，所在地的村民怎么看，如何想，愿不愿意，是影响资源能否对价市场的决定性因素。而仅有完善的产权交易体系，并不能确保资源就能够对价市场。

有些事情，如市场导向机制的建立、产权流转机制的健全、相关金融制度的配套等，也并不是一家产权交易平台就能完成的。农村产权交易制度改革的推进，需要在"政府社会保障、市场有效配置、集体收益分配"三者之间综合把握，实现发展的一体化动态平衡。

当前的农村产权制度改革，正面临各种体制性障碍、机制性梗阻和政策性供给迟滞。因此，围绕资源对价市场所展开的农村产权交易体系建设，虽是重点却不是全部，需要进一步上延和下探。

3. 深入基层，补齐短板

资源市场对价，交易两头都觉得公平才算合理。作为资源的供需双方，想把没有价值和价值本身并不高的资源卖出高的价格，想把十分具有市场价值潜力的资源以白菜价成交，对交易双方都是不公平的。

如何实现交易的对等与公平，怎样让本身看似不值钱的村域资源，通过区域空间规划和产品策划设计，使区域空间资源更具市场价值，这需要从大处着眼，更需要深入田间地头。"大处着眼"是指空间价值的资源规划能力，"深入田间地头"是指协同村级组织做好资源有效整合的服务能力。

作为一个市域，或县域农村产权交易平台，我们可以通过产权评估、交易策划、项目包装等延伸服务，协同村级组织增加产品溢价和资源增值的可能性。但是，作为村域资源所有权主体，村集体经济组织能否做扎实，以及谁来协同其做颁证确权、统一资源的扎实工作，并对整个村域资源做整体产业规划，是从根本上提高村域资源资产增值的关键点。

这些事情，仅靠地方政府的引导和推动，仅靠村级组织自觉自发的行动，显然是不够的。当下的村级组织与市场资源对价交易，还存在着各种不同程度的衔接短板。这个短板谁来补，谁能补，如何补呢？这是一个十分重要的难题，也是一个常常被忽略，或并没有引起足够重视的问题。

不过换个角度看，也存在着介入市场的不同服务方携手与联合的契机。作为服务乡村的不同主体，协同村庄治理，帮助乡村发展壮大农村集体经济，是一个绕不开的中心话题。

目前，以资源聚合与增值为中心所展开的乡村产业发展，存在两个突出的市场矛盾：一是资源很难真正被有效组织起来；二是被组织起来的资源，在变资产过程中的市场价格被发现的能力明显存在不足。这其中，一方面有评估不科学的问题，另一方面也存在资源主体在进行村域产业招商时，经常不知道或不愿通过产权交易平台的缘故。

作为平台赋能方，全国各种不同级别的产权交易中心，除信息发布、组织交易、鉴证交易外，如何通过不断完善平台的延伸服务业务，把乡村治理和村集体经济组织建设作为新的切入点，更加深入地融入乡村"最后一公里"，帮助村级组织提升治理能力、壮大农村集体经济，这是一件十分值得探讨的事。

4. 联合赋能，聚集运营

乡村振兴不是基于一种产业的振兴，而是需要多种产业齐发共放，多种不同产业共生共荣。作为一个市域资源对价市场交易平台，能否利用自身的组织优势、渠道优势和服务优势，从对价某个单一交易品种向服务一个整村和镇域过渡，值得探索。

若能如此，不仅能减少村集体经济组织产权流转不通过产权交易平台的情况，还能引导资源对价交易双方向市、县产权交易中心集中。同时，还能起到有效增加平台资源对价交易数量，发现与创造更多交易品种的作用。更重要的是，这样的操作能够增强平台对一个区域整体资源交易的服务能力和把控能力。

从长远发展看，从事乡村运营的村域服务主体，本身就需要更大的交易平台的赋能。其也是产权交易平台更深入服务产权交易的一个潜在合作方。如以愿乡公司作为整村运营服务商为例，其作为乡村的协同治理方和资源运营服务方，会与村集体经济组织成立一家运营平台公司，对村域资源提供资源分类、产业策划、产品包装服务，并会以村为平台依托展开产业招商。

作为一家从下至上的村镇产业运营管理服务商，虽然有着资源对价市场的产品和服务能力，但却存在市场对价平台过小、产品和服务溢价空间有限的发展困惑。同时，其服务村镇的数量和区域也面临缺少更大资源对价市场平台的支撑。

针对一个村镇的资源整合，将村民动员起来，将资源组织起来，将利益分配机制建立起来，是愿乡团队服务乡村的市场核心竞争力。作为一家产权交易体系完善、产权流转机制健全、金融配套服务创新不断的资源对价市场服务平台，德阳所有着服务一个市域产权流转交易的体系化运行能力。两个主体之间，似乎存在某种"你为我提供更大市场平台支撑，我为你提供深入乡村'最后一公里'服务路径"的联合赋能乡村发展的合作可能。

如何将这样的具备深度服务资源对价市场"最后一公里"的公司和机构，同类似德阳所这样市、县级产权交易平台联合起来，这是一条可实现强强联合、共同赋能乡村的发展之路。更重要的是，这样的联合赋能，是促进乡村治理新体系构建、共同帮助村集体经济组织壮大的有效手段。

5. 巩固成果，探寻新航道

德阳所的践行与探索成果，已在全国名列前茅。但从进一步巩固和做强"德阳模式"的角度出发，除了不断完善和稳定已形成的行业优势外，德阳所还可以尝试跳出平台自身的视域局限，从农村产权制度改革的角度，反观自己所处的位置和应该扮演的角色，以及未来可能肩负的新发展任务，寻找自我发展的新航道。

目前，全国许多地区的乡村基层干部市场意识薄弱，认知不到位，存在不同程度等待、观望、消极、应付等现象。不少村镇在落实确权工作时矛盾多、纠纷多，任务艰巨。不少相对落后地区相关政策配套并没有形成统一标准……

针对这些现象，德阳所可以在归纳、梳理、总结自身服务创新和发展经验的基础上，针对不同区域的发展阶段，制定更加具有针对性的服务输出方案。

集体经济、村域治理、整村运营、乡村产业、利益分配、社会保障、城乡融合……从这一系列兴村关键词中，德阳所可以从树立自我区域发展的中心服务地位中，探索出一条能联合不同服务市场主体加入与其合作的机制，构建一套更深入乡村产权制度改革的运营体系，以便实现多方强强联合与互利共赢。

后记

振兴一个村,你会怎么做?

无论什么类型的村庄要振兴，或实现可持续的振兴，都应包含两个主要方面：一是村集体经济组织是否得到了壮大，二是全体村民在多大程度上实现了共同富裕。

若想要振兴一个村，在做这件事之前，我们需要先搞清楚三个问题，即为谁振兴，谁来振兴和振兴什么。只有弄明白了这三个问题，我们才能在做事时确保道路和方向的正确性。至于怎么做乡村才能振兴，则涉及到了具体的方式、方法、策略、手段。

为谁振兴——村级组织和村民。只有弄清楚了这个主体是谁，其他介入进来的服务主体才会找到和摆正自己的位置。例如地方政府和相关职能部门是主导和指导的作用，而市场投资主体、社会企业等服务主体则更多是助力和协同的作用。

谁来振兴乡村？村级组织和村民是乡村振兴的主体，地方政府是统筹和主导乡村发展的主体，各级政府相关职能部门是指导乡村振兴的主体。从发展乡村产业、构建乡村产业体系的角度看，这个市场经营主体又是谁呢？可以是农民专业大户、家庭农场主、农民合作社、农业龙头企业等新型农业经营主体，还可以是返乡和下乡的个体市民或工商企业（资本）。而提供乡村社会化的服务组织也是主体之一。简而言之，乡村振兴是需要举全党全国全社会力量长期坚持做的一件事。

"振兴什么"是重点，也是难点。乡村产业、人才、文化、生态、组织是需要振兴的五个方面。然而，振兴一个村，无论是起主导作用的地方政府，还是村民自治的村级组织，抑或是介入的市场服务主体，想要实现这五个方面整体振兴，都将经历一个漫长且复杂的过程。

当我们带着这些问题再来回顾这本书时，探索新型农村集体经济振兴之路，聚焦一个个典型案例，需要避免陷入以点带面和以偏概全的认知误区。

新型农村集体经济组织载体的架构和运行，例如，谁能进入村集体，如何进入，权益的委托，所占股份比例的设定，还有权益的保障、收益的分配、责任的承担等。

新型农村集体经济组织运行，就是要让静态的农村集体经济组织动起来、运转起来。书中案例所涉及的新型农村集体经济组织，都是已经运行起来的，且运行相对较好的。然而，绝大多数农村集体经济组织，大多处在一种静止的无法运行的状态。

为什么许多农村集体经济组织无法运行呢？从本质上看，主要是因为村级组织及成员所拥有的山水林田、宅基地、房产等生产与生活资料是其生存权保障。在国家公共保障制度还不能充分实现城乡一体化、均等化的前提下，不能完全取代土地等资源对农民生存保障作用的情况下，让村集体的资源变资产入市交易，就意味着农民的生存权也进入了交易市场。

新型农村集体经济组织，就是让保障农民生存权和发展权的生产资料进入交易市场。从这个意义上讲，农村集体经济组织从静止到动起来的转变，就是农民生存权和发展权之间的博弈与妥协。对此，各地需要根据各自社会经济综合发展水平，因地制宜、精准施策、稳慎推进。而这也是让静止的农村集体经济组织有效且安全地动起来、运行起来的困难所在。

农村集体经济组织是整个乡村产业经营体系中的重要一极。作为相对薄弱且发展滞后的农村集体经济组织，其发展壮大的目的，不是要取代其他不同的经营形式，而是要村级组织和村民发挥出自我应有的村集体的责任和市场作用。

这里需要强调的是，乡村产业经营体系里的每种经营形式和经营制度，都具有各自适宜的领域和地区，相互之间并不存在谁先进、谁落后的优劣之分。各地区应该根据所在区域内的经济社会发展情况，使其相互之间实现合理配置、优化组合。

本书所涉及的案例，如振兴村、白塔村、小堡村等都是属于村域内产业经营体系相对健全的村庄。正因为如此，在这些村庄的社会经济发展中，其村级组织，既是治理主体，也是村集体经济组织发展的主体。实现了"政经一体"和"村社合一"。

围绕"政经一体""村社合一"的新型农村集体经济的发展，黄墩村正处在"由分到统"的起步阶段。其目前偏重发展的，是村级组织内部的初级大联合。所建立起来的，是一种新型农村集体经济组织内部联合与融合的产业经营体系。

其他案例，如青杠树村、秦家庙村、洪塘赤土村、李渡口村等，这些村级组织与市场服务主体、投资主体存在不同程度的联合。这些村庄在实现了不同程度的"政经"分开、"村社"分离后，注重市场服务主体参与乡村的运营，有效与农村集体经济组织对接与合作。

位于江西省鹰潭市的余江区宅改办和位于四川省成都市的德阳所，则从政府和市场两个角度，为乡村产业经营体系的健康运行，提供了两种不同的服务途径：余江区宅改办提供的是，县域主导的农村综合配套改革服务；德阳所提供的是，农村资源变资产入市交易平台赋能的市场服务。

从建立现代化农业农村的产业体系、生产体系、经营体系的三大体系角度看，从深化农村产权制度改革的角度看，从激活市场、激活主体、激活要素等角度看，本书所涉及的十个案例，并不是对新型农村集体经济的一条线、一个面、一个立体化的呈现，而是突出新型农村集体经济从无到有再到壮大的某个区域和某个点上的一种具象化。也就是说，从发展壮大新型农村集体经济角度看，本书案例存在某种局限性。随着乡村振兴深入推进，农村改革试点不断深入，我们将甄选更多更好的案例呈现给读者。

壮大新型农村集体经济是一项艰巨任务，也是一个长期工程。发展符合新时代要求的新型农村集体经济组织，是国家实施乡村振兴战略的重中之重。对大多数地方来说，这条"振兴之路"目前仍处在模糊的探索阶段。在此，希望有更多更好的新型农村集体经济案例，能够纳入我们新的案例中。

王龙泉

2022 年 9 月于成都三道堰